L'ÉCONOMIE ARABE CONTEMPORAINE

DU MEME AUTEUR

Le développement du capitalisme en Côte-d'Ivoire.
Le monde des affaires sénégalais, *épuisé.*
L'économie du maghreb, *épuisé.*
Le Maghreb moderne.
L'Afrique de l'Ouest bloquée.
Le développement inégal — Essai sur les formations sociales du capitalisme périphérique.
La crise de l'impérialisme, en collaboration avec A. Faire, M. Hussein, G. Massiah.
L'impérialisme et le développement inégal.
La nation arabe — Nationalisme et luttes de classe.
La loi de la valeur et le matérialisme historique.
Classe et nation dans l'histoire et la crise contemporaine.

Sous le pseudonyme de Hassan Riad :

L'Egypte nasserienne, *épuisé.*

Aux P. U. F. :

Trois expériences africaines de développement : le Mali, la Guinée et le Ghana. Collection « Etudes tiers monde », *épuisé.*

Aux éditions Anthropos :

Histoire économique du Congo 1880-1968, en collaboration avec Catherine Coquery Vidrovitch, *épuisé.*
L'accumulation a l'échelle mondiale — Critique de la théorie du sous-développement.
La question paysanne et le capitalisme, en collaboration avec Kostas Vergopoulos.
L'échange inégal et la loi de la valeur.
Impérialisme et sous-développement en Afrique.
L'accumulation dépendante — Société pré-capitaliste et capitalisme, en collaboration avec André Gunder Frank.
La planification du sous-développement.

SAMIR AMIN

L'ÉCONOMIE ARABE CONTEMPORAINE

LES ÉDITIONS DE MINUIT

7, rue Bernard-Palissy 75006 Paris

ISBN 2-7073-0316-X

I. Peut-on parler de l'économie arabe ?

1. Le monde arabe ne constitue pas actuellement une unité économique, pas plus que politique. Chacun des Etats arabes est intégré dans le système capitaliste mondial comme une unité séparée des autres. Les fondements historiques, les modalités et le degré de cette intégration, particuliers à chaque pays, constituent des facteurs objectifs qui s'opposent à l'unité économique du monde arabe. Ayant accédé à l'indépendance dans le cadre de frontières étatiques qui sont dans une large mesure le produit de l'histoire récente, les Etats arabes ont évolué chacun à sa manière : les forces politiques organisées dans le cadre de ces Etats ont façonné des orientations particulières, parfois divergentes. Des différends opposent souvent ces Etats entre eux, sur des questions de frontières ou même d'hégémonie régionale.

Il est difficile dans ces conditions de parler d'économie arabe proprement dite. On ne peut guère parler que de l'économie de la région arabe du monde, comme d'un conglomérat d'Etats du tiers monde. L'échantillon présente d'ailleurs une extrême variété. Les populations des Etats arabes varient de moins de 100 000 habitants à près de 40 millions, les revenus par tête de moins de

100 dollars à 15 000 dollars, les niveaux d'industrialisation de zéro à ceux des pays « semi-industrialisés » du tiers monde les plus avancés, les stades d'organisation de l'Etat et des services publics (éducation, notamment), mesurés par le volume de la dépense publique, s'étalent des niveaux les plus faibles du tiers monde (10 % du produit intérieur brut) aux niveaux les plus élevés (30 % du P. I. B.), le degré d'intégration à la division internationale du travail, mesuré par la part des exportations dans le P. I. B., s'étale de 3 à 81 %.

Nous choisissons néanmoins de parler d' « économie arabe ». D'abord pour une raison politique : l'option en faveur de l'unité arabe est probablement une nécessité historique, et peut-être une possibilité concrète dans un avenir prévisible. La vigueur de ses fondements historiques a déjà produit des effets : les forces politiques arabes sont toutes contraintes de se déterminer par rapport à cette option et les courants unitaires traversent l'ensemble de la région.

Même au plan plus banal des interrelations économiques, les effets de cette tendance à l'unité sont déjà importants. Sans doute le commerce interarabe demeure-t-il très faible. Sans doute les politiques économiques et les Plans conçoivent-ils des développements, notamment industriels, concurrents plutôt que complémentaires. Sans doute les « unions » (Maghreb, Marché commun arabe) sont-elles plus des proclamations d'intention que des réalités, même marginales, quand elles ne sont pas simplement oubliées par les conflits régionaux. Sans doute les systèmes fiscaux sont-ils encore trop différents pour permettre des échanges importants. Sans doute les systèmes monétaires demeurent-ils autonomes les uns par rapport aux autres, en dépit de l'existence d'un Fonds monétaire arabe qui ne fait guère qu'épauler l'action du F. M. I. dans la région. Mais, dans deux domaines essentiels, le mouvement des capitaux publics (financés par les Etats et les Fonds et Banques divers nationaux ou panarabes) et privés, et celui de la force de travail, la tendance à solidariser l'emploi des facteurs de la production a déjà produit des effets visibles. Par-delà les vicissitudes à court terme, cette tendance poursuivra à coup sûr son développement, amorcé il y a vingt ans, accéléré au cours des années 70. Cette évolution crée une situation nouvelle qui pourra contraindre à réviser les politiques nationales.

2. A l'intérieur de la diversité arabe, on peut distinguer quatre groupes de pays :

A. Les pays pétroliers, au sens où, faute de population et d'autre ressource importante, le pétrole constitue l'essentiel de leur activité et façonne leur vie économique sous presque tous ses aspects : Libye, Arabie Séoudite, Koweit, Qatar, Bahrein, Emirats et Oman.

B. Les pays semi-pétroliers, dont la richesse en pétrole agit sur une société plus complexe pour en accélérer éventuellement le développement : Algérie et Irak.

C. Les pays non pétroliers semi-industrialisés : Maroc, Tunisie, Egypte, Liban, Syrie.

D. Les pays les moins avancés et les moins industrialisés : Mauritanie, Soudan, Yémen, Yémen démocratique, Somalie, Djibouti. La Jordanie (et la Palestine occupée) peuvent, du fait de leur situation particulière, être classées avec ce groupe.

Le groupe A rassemble 10 % seulement de la population arabe, mais concentre la moitié de son P. I. B. (soit environ 6 000 $ par tête) et 55 % des exportations de la région. Bien que la population employée dans le secteur pétrolier soit peu nombreuse, la rente pétrolière oriente toute la politique économique et sociale et laisse de surcroît un large surplus placé à l'extérieur. Le pétrole représente en effet près de la moitié du P. I. B. ; l'agriculture est négligeable dans ces régions désertiques et l'industrie encore à ses débuts. Aussi, en dehors du pétrole, les services et l'Etat, dont les revenus sont largement greffés sur la rente pétrolière, constituent-ils le seul moteur de l'évolution.

Le groupe B rassemble environ 20 % de la population arabe et de son P. I. B. (environ 1 000 $ par tête). Les exportations représentent 45 % du P. I. B. (moyenne arabe : 60 %). L'agriculture, faible dans ce groupe comme dans l'ensemble arabe (8 % du P. I. B., pour une moyenne arabe de 9 %), n'est pas négligeable par sa production et son potentiel. L'industrie, relativement récente, a progressé à des rythmes rapides qui ont permis de rattraper et parfois de dépasser les pays plus anciennement engagés dans la voie de l'industrialisation. Elle représente ici 15 % du

P. I. B. (moyenne arabe : 7,2 %). Le groupe B ressemble donc beaucoup, en moyenne, à ce que serait un monde arabe unifié.

Le groupe C rassemble la majorité de la population arabe — plus de 51 % — mais seulement 20 % de son P. I. B. (revenu par tête : 500 $). Les économies de ce groupe de pays sont plus diversifiées et l'industrie plus ancienne. L'agriculture fournit 23 % du P. I. B. et les industries 14 %. Le niveau des exportations est relativement modéré : 20 % du P. I. B. Néanmoins, compte tenu du poids relatif de ce groupe de pays et notamment de l'Egypte, sa production agricole représente 56 % de la production agricole arabe totale et 42 % de la production industrielle arabe totale. Le groupe C ressemble beaucoup à ce qu'était, dans l'ensemble, le monde arabe avant le boom pétrolier des années 70.

Le groupe D est particulièrement défavorisé. Les données chiffrées le concernant sont les plus mal connues ; mais on peut estimer que le revenu par tête n'excède pas ici 300 $, fourni en grande partie par l'agriculture (40 % environ), tandis que l'industrie est négligeable (moins de 5 % du P. I. B.).

3. Si l'on considère le groupe arabe dans son ensemble, on est frappé par le sens et l'importance des mouvements des facteurs de la production.

Les exportations des groupes A et B représentent 90 % du volume global des exportations du monde arabe, mais ses importations seulement 70 %. Par contre, dans les groupes C et D, les importations excèdent largement les exportations. Sans doute l'excédent commercial du premier groupe (environ 50 milliards de dollars, soit 30 % du P. I. B. arabe) dépasse-t-il de beaucoup le déficit du second groupe (environ 5 milliards de dollars, soit 3 % du P. I. B. arabe et 9 % du P. I. B. du second groupe) : la majeure partie des excédents arabes ne sont pas placés dans le monde arabe, et les pays déficitaires reçoivent une aide et des capitaux en provenance d'autres pays. Mais il demeure que le flux des capitaux allant des premiers (notamment le groupe A) au second remplit des fonctions politiques et économiques décisives : il atténue les contradictions explosives dans le groupe C.

Le groupe C est constitué en effet d'un ensemble de pays arabes dont la situation économique est franchement mauvaise. Ayant opté pour un développement profondément intégré dans la division internationale du travail mais n'ayant pas les moyens de ce développement, par suite de l'insuffisance de leur production exportable, ces pays connaissent de grandes difficultés à poursuivre leur croissance. Les uns (Egypte et Syrie) ont, probablement du fait de ces contraintes, opté, en un temps au moins, pour des réformes radicales (réformes agraires et nationalisations), d'autres se sont orientés dans la même direction, mais à un rythme plus modéré (Tunisie) ou même suffisamment lent pour ne pas entrer en conflit avec les systèmes politiques en place (Maroc).

Il y a une grande différence entre la situation du groupe C et celle du groupe B (Irak et Algérie).

Ce groupe B met en œuvre une stratégie de développement qui n'est pas fondamentalement différente de celle tentée par les pays du groupe C, notamment au cours des années 60 ; mais il en a, lui, les moyens, grâce à ses exportations de pétrole. Aussi, bien que certaines des difficultés auxquelles il se heurte déjà, et peut-être des blocages encore à venir, ne soient pas de nature différente de celles que les pays du groupe C ont déjà rencontrées, dans le présent et le futur immédiat le contraste est net entre ces deux types de croissance.

Quant au groupe D, il constitue un ensemble relativement stable dans sa pauvreté. Ses structures ont été en effet moins ébranlées par l'intégration au système capitaliste mondial et, de ce fait, les besoins actuels ressentis comme nécessaires pour la reproduction de son équilibre sont plus modestes. Ses rythmes de développement, très faibles, reflètent cette situation.

Le mouvement de la force de travail est exactement inverse de celui des capitaux : du groupe C au groupe A. L'Egypte est le principal exportateur de main-d'œuvre. On estime cette émigration à deux millions aujourd'hui, vers les pays du Golfe et la Libye. La Tunisie fournit également une force de travail importante à la Lybie. La Palestine, pour les raisons politiques que l'on connaît, est sans doute le troisième fournisseur de force de travail en chiffres absolus et le premier en termes relatifs. Mais d'autres régions arabes ont été et sont des fournisseurs d'émigrants, qui se dirigent cependant vers l'Europe et non vers le monde arabe : il en est ainsi traditionnellement des pays du Maghreb arabe, et, depuis les événements récents, du Liban. Enfin, le Yémen du Nord est traditionnellement fournisseur de main-d'œuvre migrante vers les pays du Golfe. Par ailleurs, les pays du Golfe font aussi appel à des immigrants non arabes, notamment pakistanais.

Le mouvement de la force de travail remplit une fonction double. D'une part, il atténue les contradictions au sein du groupe C et renforce le flux des capitaux de celui des envois des émigrés. D'autre part, il conditionne largement la croissance économique dans les pays du groupe A.

En conclusion de cette analyse, on fera ressortir ce fait économique et politique décisif : le mouvement des facteurs de la production, si limité soit-il en termes purement quantitatifs, resserre les liens du monde arabe et remplit une fonction essentielle dans la reproduction de son équilibre. Dans la mesure où une stratégie d'ensemble viendrait à être progressivement développée, ce mouvement pourrait devenir un facteur puissant d'intégration et d'unité.

4. Les tableaux I à IV figurant en annexe fournissent les éléments sur lesquels a été fondée notre analyse. Ils ont été construits à partir des données réunies dans des conditions qui ne permettaient pas toujours le recours aux meilleures sources ; mais celles-ci nous paraissent suffisamment correctes pour étayer notre démonstration. Elles concernent tous les pays membres de la Ligue arabe, à l'exception de la Somalie et de Djibouti

(l'inclusion de ces deux pays, dont la population en 1976 s'élevait à 3 280 000 habitants et le P. I. B. à 753 millions de dollars, ne modifierait pas les résultats globaux), et incluent aussi l'Egypte, bien que ce pays ne fasse pas actuellement partie de la Ligue.

Ces tableaux font ressortir :

a) le poids acquis par les pays du Golfe, notamment l'Arabie Séoudite, depuis 1973 et, parallèlement, celui des exportations de pétrole et du surplus pétrolier. A elle seule, l'Arabie Séoudite représente 25 % du P. I. B. arabe ;

b) l'évolution divergente du Maroc (et, à un moindre degré, de la Tunisie) et de l'Algérie : partis à égalité aux débuts des années 60, l'Algérie a maintenant un P. I. B. double de celui du Maroc, une industrie plus importante de 75 %, une consommation par tête supérieure de 35 %, des investissements bruts 3,6 fois supérieurs, des dépenses gouvernementales supérieures de 80 %. Evidemment, durant la période 1965-76, les taux de croissance ont été très différents. La même divergence se marque entre l'Irak et la Syrie. Quinze ans plus tôt, vers 1960, le revenu par tête était encore plus élevé en Syrie ; quatre points de plus dans la croissance annuelle du produit par tête ont amené maintenant le P. I. B. par tête de l'Irak à un niveau supérieur de 75 % à celui de la Syrie ;

c) la situation médiocre de l'Egypte, dont le P. I. B. est du même ordre de grandeur que celui de la Libye, de l'Algérie ou de l'Irak. L'Egypte reste néanmoins le plus fort producteur agricole

(4,5 milliards de dollars, contre 1,9 pour le Maroc, qui vient en seconde position) et demeure en tête pour l'industrie (2,5 milliards de dollars contre 2,1 pour l'Algérie, qui vient en seconde position) ;

d) la très forte dispersion de l'effort d'investissement, en corrélation avec les croissances enregistrées. Les taux moyens des pays des groupes A et B se situent autour de 26 % du P. I. B., contre 17 % pour ceux du groupe C et D ;

e) la faiblesse de la production agricole et le niveau modeste du développement industriel. Pétrole exclu, la production arabe est de l'ordre de 80 milliards de dollars. L'économie rurale, qui emploie 56 % de la population, fournit un produit de 15 milliards de dollars, soit 18 % du total considéré. Le produit de l'économie urbaine, 65 milliards de dollars (82 %), concerne moins l'industrie (11,6 milliards, soit 18 % du produit de l'économie urbaine), que les services au sens large. On verra plus loin que la structure de l'industrie reste rudimentaire.

II. L'économie arabe est fortement intégrée dans le système capitaliste mondial.

1. Le monde arabe occupe une place très particulière dans l'ensemble du tiers monde et en constitue la région la plus intégrée dans le système mondial contemporain.

Il y a certainement à ce fait des origines historiques lointaines. Le monde arabe a toujours vécu en liaison avec l'Europe. Et si, jusqu'à la fin du

Moyen Age, les deux mondes restent comparables en termes de stades et de niveaux de développement, l'avantage ayant même été souvent au bénéfice des Arabes dans de nombreux domaines, l'écart commence à se creuser au cours des siècles du mercantilisme, du XVe au XVIIIe siècles. Le monde arabe a tenté de réagir très tôt à ce défi, notamment l'Egypte dès le début du XIXe siècle. Nous nous sommes exprimés ailleurs sur les causes et les effets de cette évolution divergente (cf. S. Amin, *La nation arabe*). Le monde arabe a, de ce fait, été intégré dans le système capitaliste mondial, en qualité de périphérie dominée, à des époques plus précoces que les autres régions du tiers monde, Amérique latine et Caraïbes exceptées. On comprend qu'il soit plus intégré dans le système mondial que l'Afrique noire, l'Asie du Sud et du Sud-Est et l'Asie orientale.

Les modalités de cette intégration ont néanmoins été sensiblement différentes. En Afrique du Nord, la colonisation française, amorcée tôt dans le XIXe siècle en Algérie, a menacé l'ensemble de la région d'un mode de colonisation de peuplement correspondant à un stade peu évolué du développement capitaliste de la métropole. La même modalité a failli être reproduite avec la colonisation italienne de la Libye. L'Egypte était déjà largement intégrée dans la division internationale du travail, depuis l'époque de Mohamed Ali, puis des Khédives, avant même l'occupation anglaise. En revanche, les pays du Croissant fertile n'ont été que faiblement intégrés dans la division internationale du travail à l'époque ottomane. Quant aux pays du Golfe, leur intégration, concomitante à l'expansion pétrolière, remonte pratiquement aux lendemains de la deuxième guerre mondiale, tandis que celle du Yémen du Nord et de l'Oman est encore plus récente. Les effets non seulement économiques mais encore politiques et culturels de ces formes de l'intégration ont été étudiés dans *La nation arabe,* et nous y renvoyons le lecteur.

2. Un premier indicateur du degré de participation à la division internationale du travail est évidemment donné par le rapport des exportations (et/ou des importations) au P. I. B. Or, cet indicateur est beaucoup plus élevé pour le monde arabe que pour n'importe quelle autre région du tiers monde. Le rapport exportations/P. I. B. se situe ainsi autour de 60 % pour le monde arabe, contre 22 % pour l'Afrique au sud du Sahara, 14 % pour l'Asie du Sud, du Sud-Est et de l'Est (Chine et Japon exclus), 13 % pour l'Amérique latine et les Caraïbes. Même avant le relèvement des prix du pétrole en 1973-74, le pourcentage arabe se situait autour de 30 %. En ce qui concerne le rapport importations/P. I. B., il se situe autour de 32 % pour le monde arabe, contre 22 % pour l'Afrique, 16 % pour l'Asie et 14 % pour l'Amérique latine et les Caraïbes. Avant 1970, ce rapport était déjà, pour le monde arabe, de 28 %.

Sans doute peut-on trouver des pays, notamment grands producteurs de pétrole, comme le Venezuela, ou miniers riches, comme le Gabon ou le Zaïre, dont certains indicateurs se rapprochent de ceux du monde arabe. Mais on ne trouve jamais une région d'une population aussi importante — de l'ordre de 150 millions d'habitants — qui présente les caractéristiques d'une intégration aussi forte.

3. L'importance relative exceptionnelle des importations arabes par rapport aux volumes des productions agricoles et industrielles et à celui de l'investissement traduit un degré d'interpénétration de l'économie arabe et de celle du monde développé plus marqué, tant aux plans de la structure du modèle de consommation que de l'organisation du processus productif.

En effet, en excluant la production du pétrole, la production agricole arabe représente 18 % du produit de la région, contre 32 % pour l'Afrique, 40 % pour l'Asie et 13 % pour l'Amérique latine. Les pourcentages relatifs à l'industrie sont respectivement de 15 % pour le monde arabe, 11 % pour l'Afrique, 15 % pour l'Asie et 24 % pour l'Amérique latine. Quant au volume des investissements bruts, il représente 36 % du produit de la région arabe, pétrole exclu, contre 17 % pour l'Afrique et l'Asie et 20 % pour l'Amérique latine.

Si l'on rapporte donc le volume des importations à l'ensemble production agricole-production industrielle-formation de capital, on trouve que la participation des importations à la consommation et à la production est beaucoup plus élevée pour le monde arabe que pour n'importe quelle autre région, comme le montre le tableau des pages 20 et 21.

	(1) Prod. agri./ P. I. B.	(2) Prod. indus./ P. I. B.
Monde arabe (pétrole exclu)	18	15
Afrique noire	32	11
Asie du Sud, Sud-Est et Est (Chine et Japon exclus)	40	15
Amérique latine et Caraïbes	13	24

On peut résumer la signification de ce tableau de la façon suivante : la contribution des importations à la consommation et à l'investissement est, pour le monde arabe, proportionnellement deux fois plus forte que pour l'Afrique noire, trois fois plus forte que pour l'Amérique latine et les Caraïbes, 3,3 fois plus forte que pour l'Asie du Sud et de l'Est. Autrement dit, l'économie arabe est plus extravertie — et donc plus dépendante — que ne le sont les économies du reste du tiers monde.

L'examen plus précis de la structure de la consommation, des échanges interindustriels et des importations va permettre d'approfondir cette conclusion.

(3)	(4)	(5)	(6)	(7)
F. B. C. F./ P. I. B.	1 + 2 + 3/ P. I. B.	Imports/ P. I. B.	5/4	indice (6)
36	69	51	74	100
17	60	22	37	50
17	72	16	22	30
20	57	14	25	34

III. Les structures de la consommation et du système productif.

1. Les tableaux V à XI permettent d'analyser en profondeur les structures du système productif arabe, comme celles de sa consommation.

Pour cela, on s'est fixé l'objectif d'établir un tableau complet des relations interindustrielles pour l'ensemble arabe. Le tableau XI considère onze branches de l'activité : 1 - agriculture, 2 - mines, énergie et pétrole, 3 - industries agricoles et alimentaires, 4 - autres industries légères (textiles, cuir, bois), 5 - chimie, 6 - matériaux de construction, 7 - métaux et mécanique, 8 - bâtiments et travaux publics, 9 - transports et communications, 10 - commerce, 11 - services divers.

L'analyse de la structure des importations (tableau V), à partir des classifications courantes du commerce extérieur, permet, moyennant quelques hypothèses simples concernant la ventilation des blocs d'importations entre les branches retenues, de construire le vecteur horizontal des importations retenu pour le tableau interbranches.

On a analysé de la même manière la structure des exportations (tableau VI), dominée par le pétrole et les produits pétroliers, et construit le vecteur vertical des exportations retenu pour le tableau XI.

Les résultats de la construction des vecteurs verticaux de la demande finale sont retracés dans le tableau VII.

a) La structure de la demande affectée à la F. B. C. F. (formation brute de capital fixe) à la colonne 7 du tableau VII, correspond à un partage approximatif relativement stable des deux composantes de l'investissement : d'une part, les équipements (machines et matériels de transport) fournis par la branche 7 et, d'autre part, les constructions et les ouvrages produits par la branche 8. On a vérifié sur des séries de comptes nationaux relatifs à différentes années que les moyennes retenues correspondent à une faible dispersion des proportions autour de ces moyennes. On a négligé ici les fluctuations de stocks.

b) La structure de la dépense administrative (colonne 6 du tableau VII) est commandée également par une proportion approximative relativement rigide entre, d'une part, les salaires versés par les administrations : 47 %, et, d'autre part, les dépenses en biens et services, ventilées entre les branches 1 à 11 selon les proportions moyennes ressortant des comptes nationaux des principaux pays arabes. Ici encore, pour simplifier la présentation, on a omis les dépenses d'armements importés, pour lesquelles d'ailleurs les statistiques officielles manquent et dont le financement fait presque toujours l'objet d'accords spéciaux. A cette omission près, les dépenses administratives recouvrent l'ensemble de l'intervention de l'Etat : services économiques généraux, services publics (éducation, santé...) et services administratifs (administration générale, police, justice, dépenses courantes des forces armées : soldes des militaires, entretien des casernes et bases, etc.). L'intervention de l'Etat dans la production (subventions et participations à l'investissement, subventions courantes au secteur public et à l'économie) est évidemment exclue de cette analyse.

c) Le vecteur vertical de la dépense des ménages (colonne 5 du tableau VII) a été obtenu par deux moyens : d'une part, la différence entre les ressources et les emplois du tableau interbranches et, d'autre part, l'extrapolation des proportions moyennes des comptes nationaux des principaux pays arabes. Le vecteur retenu correspond bien à cette moyenne. On examinera plus loin les méthodes retenues pour la ventilation de ce vecteur en ses deux composantes : consommation correspondant à la reproduction de la force de travail et surconsommation (colonnes 1, 2 et 3 du tableau VII et tableau VIII).

La construction de la section carrée du tableau interbranches correspondant aux coefficients techniques a été réalisée par étapes.

Dans un premier temps, on avait considéré neuf branches industrielles (voir tableau IV) que l'on a regroupées ensuite en cinq branches (tableau IX).

On a d'abord considéré pour chacune des onze branches (agriculture, pétrole, industries, services) les inputs de matières premières et semi-finis fournis par les branches 1 à 7. Autrement dit, on a intégré les dépenses d'entretien des bâtiments affectés à la production dans les profits bruts (partie de la valeur ajoutée) épargnés et consacrés au financement des investissements bruts. Avec deux exceptions : les bâtiments du commerce (branche 10) et ceux qui sont affectés aux services divers (branche 11). On a également considéré à part les inputs de services et les marges de transport et commerce.

Le tableau IX donne, dans ces conditions, les coefficients techniques correspondant aux consommations productives d'inputs 1 à 7 pour les branches 1 à 9 et 1 à 8 pour les branches 10 et 11. Ces coefficients ont été obtenus à partir des tableaux détaillés d'input-output disponibles pour les principaux pays arabes. On a pris soin d'extraire de ces tableaux les coefficients relatifs à une sous-branche donnée (par exemple, la sidérurgie, ou la chimie des engrais phosphatés, etc.), puis, en recomposant chaque branche, de pondérer ces différents coefficients en tenant compte de la composition de chaque branche à l'échelle de l'ensemble arabe. Les notes qui accompagnent le tableau IX rappellent les principaux de ces inputs.

On a considéré ensuite les marges « transports,

commerce, services » (tableau X). Il ressortait de la sommation des comptes nationaux des principaux pays arabes un volume global de ces marges, à rapporter à la somme « production locale plus importations ». L'examen des comptes montrait que la proportion représentée pour les marges concernant les branches 3 à 7 incluses était faiblement dispersée autour d'une moyenne de 20 %, tandis que cette proportion était plus faible (13 %) pour l'agriculture (compte tenu de l'autoconsommation paysanne) et la branche 2 (électricité, mines et pétrole : 3,7 %). Les taux des marges sur les importations sont en moyenne de 15 % pour les produits alimentaires, 12 % pour les équipements, 25 % pour les produits intermédiaires et 40 % pour les produits manufacturés de consommation. La ventilation des marges entre chacune des composantes (commerce, transports, services) a été faite de manière à retrouver par sommation les produits de chacune de ces trois branches tels qu'ils ressortaient des comptes nationaux agrégés des principaux pays.

On disposait alors de tous les éléments permettant de construire le tableau XI.

2. Le degré exceptionnellement élevé d'intégration de l'économie arabe dans le système mondial de la division internationale du travail trouve son reflet dans la structure de ce tableau XI.

La proportion des importations dans la consommation finale des ménages pour les produits 1 à 7 est fort élevée, comme le montre le tableau récapitulatif suivant :

	Consommation des ménages (Mlds de $)	dont importations Montant (Mlds de $)		%
		C. A. F.	Prix du marché	
Produits agricoles et alimentaires (branches 1 et 3)	29,1	8,5	9,8	33
Produits manufacturés (branches 2, 4, 5 et 7)	13,7	7,2	10,1	74
Total	42,8	15,7	19,9	46

Sans doute les proportions des importations sont-elles légèrement surévaluées pour la raison qu'une partie des produits importés est consommée par les administrations. Cette consommation est, pour les produits 1 à 7, de 9 milliards de dollars. Si la moitié de ces consommations était importée, la proportion globale de la consommation des ménages représentant des produits importés tomberait de 46 % à 36 %. Toujours est-il que ces calculs invitent à deux conclusions peu discutables :

a) la proportion que représentent les importations dans la consommation alimentaire globale est énorme : 33 % en valeur, proportion qui n'est atteinte dans aucune région importante du tiers monde (la moyenne y est inférieure à 10 %, Chine exclue). Sans doute cette consommation importée comprend-elle une proportion élevée en valeur de produits de luxe. Il reste que la masse de ces importations sont vitales et sont la conséquence directe des insuffisances de la production agricole ;

b) la proportion que représentent les importations de produits de consommation non alimentaires, déduction faite des consommations importées des administrations, est de l'ordre de 50 % de la consommation des ménages dans ces produits. Là encore, une comparaison avec les autres régions du tiers monde s'impose :

— Le même rapport, en ce qui concerne l'Amérique latine, est moins fort (de l'ordre de 33 %) et cette proportion descend encore plus bas pour le Brésil, le Mexique et l'Argentine. Cela signifie que le processus d'industrialisation par substitution d'importations est moins avancé dans le monde arabe qu'en Amérique latine. La raison en est la faible taille relative de chacun des Etats arabes, et peut-être aussi la proportion plus élevée de produits de luxe, nécessairement importés, en relation avec la structure de la distribution du revenu et le niveau élevé de la consommation riche dans les pays du Golfe.

— Le même rapport est encore plus fort (60 %) en ce qui concerne l'ensemble Afrique noire, Asie du Sud, du Sud-Est et de l'Est. Car ici, dans l'ensemble, le processus d'industrialisation par substitution d'importations est moins avancé. Cependant, la part de la consommation de produits manufacturés dans la consommation totale des ménages est, en Afrique et en Asie, plus faible

(20 %, contre 32 % pour le monde arabe). Les raisons en sont sans doute, d'abord, le niveau d'urbanisation moins avancé de l'ensemble afro-asiatique non arabe ; ensuite, le niveau moyen de consommation plus faible ; enfin, une structure de la distribution du revenu moins régressive. Le poids des importations de produits manufacturés destinés à la consommation est donc relativement moins lourd pour l'économie nationale (en termes de proportions par rapport au P. I. B. ou aux capacités d'importation) des pays africains et asiatiques non arabes qu'il ne l'est pour le monde arabe.

En conclusion, on peut dire que le modèle de consommation européen marque plus la société arabe que celle des autres pays africains et asiatiques. Ce fait, joint à la faiblesse de la production alimentaire arabe, intègre la région dans le système mondial à un degré plus fort que pour les autres régions du tiers monde.

Les importations jouent également un rôle décisif dans l'organisation du système productif arabe. Elles fournissent en effet 55 % des besoins de consommation de matières premières, semi-finis et biens d'équipement :

a Consommations intermédiaires d'inputs 1 à 7 par les branches 1 à 11	en Mlds 62,5	
b F. B. C. F. (produits 7)	17,0	
Total	79,5	
Importations C. A. F.		
de biens intermédiaires 1 à 7	21,3	
de biens d'équipement 7	14,2	
Importations, prix du marché		
de biens intermédiaires 1 à 7	26,8	(43 % de a)
de bien d'équipement 7	17,0	(100 % de b)
Total	43,8	(55 % de a + b)

C'est la faiblesse du mode d'industrialisation arabe qui est responsable de cette extrême dépendance extérieure. Les industries légères restent prépondérantes (plus de 60 % du produit industriel). Les industries de base, récentes, sont plus souvent orientées vers l'exportation que la satisfaction des besoins productifs internes : il en est ainsi par exemple de la chimie des engrais, de la production des matières premières de la pétrochimie (plastiques) et de l'aluminium. Les projets de développement de la dernière décennie ont accentué, notamment dans les pays du Golfe, cette orientation extravertie de l'industrialisation fondée sur les ressources naturelles, notamment l'énergie. Dans ces conditions, on ne sera pas étonné de la conclusion à laquelle conduit la comparaison avec les autres régions du tiers monde : d'une part, la proportion des équipements importés, qui est pratiquement de 100 % pour la région arabe, est de près de 90 % pour l'Asie (une seule exception, partielle : l'Inde), de 100 % pour l'Afrique non arabe, de 80 % pour l'Amérique latine (où une production de biens d'équipement a été amorcée, comme en Inde) ; d'autre part, la proportion des inputs importés, qui est de 43 % pour la région arabe, s'élève à 66 % pour l'Afrique (peu industrialisée), mais tombe à 35 % pour l'Asie et 25 % pour l'Amérique latine. Les industries asiatique et latino-américaine sont donc moins extraverties, plus intégrées, que celles du monde arabe.

L'excédent commercial global (exportations, 96,9 Mlds, moins importations 51,2 Mlds) est exceptionnellement élevé, puisqu'il représente 28 % du P. I. B. arabe. Sans doute ne s'agit-il ici que du commerce des marchandises (1 à 7), à l'exclusion des services. Il n'en demeure pas moins que cet excédent, qui fait de la région arabe une pièce maîtresse de l'équilibre du système monétaire international, puisque cet excédent, largement recyclé, compense le déficit des autres, témoigne d'un degré d'intégration dans le système mondial sans commune mesure avec celui des autres régions du tiers monde.

IV. La distribution du revenu et la structure de la consommation.

Revenant aux tableaux VII et VIII, nous faisons un pas de plus en analysant la structure de la consommation en relation avec la distribution du revenu.

1. Il existe quelques enquêtes relatives à la consommation des ménages qui permettent, pour les principaux pays arabes, de se faire une première idée de la distribution du revenu. Les courbes de Gini que l'on peut dresser à partir de ces enquêtes présentent une analogie assez forte. Elles passent toutes en effet au voisinage du même point R (graphique, tableau VIII) : la consommation de la moitié de la population ne dépasse pas le quart de la consommation globale.

L'existence de ce point de passage presque obligé est, notamment en liaison avec ce fait que, dans tous les pays non désertiques, la population rurale tourne autour de la moitié de la population totale, le poids démographique des exceptions (pays désertiques, Liban et Jordanie plus urbanisés, Mauritanie, Yémen et Soudan plus ruraux) étant modeste. Or, presque immanquablement, la consommation moyenne par tête des ruraux se situe autour du tiers de celle des urbains. Sans doute la société rurale n'est-elle pas égalitaire. Mais on peut soupçonner que les propriétaires fonciers les plus riches sont absentéistes et que, dans la masse des paysans travailleurs, prédomine la proportion des pauvres (sans terres, microfundiaires, ouvriers et métayers). Sans doute aussi la population urbaine est-elle très différenciée, plus même que la population rurale. Mais la masse des privilégiés, couches moyennes incluses, est urbaine.

Il est également intéressant de noter que, si les courbes de Gini, dans leur partie inférieure, sont très semblables, allant du point O au point R. en revanche, dans leur partie supérieure, c'est-à-dire au-delà de R, elles présentent deux modalités : la courbe grimpe plus vite dans les pays où l'étatisation et l'industrialisation sont relativement avancées que dans les pays à structure plus libérale et moins industrielle. Cela revient à dire que les réformes et le développement ont atténué les inégalités au sein des couches supérieures mais ont peu changé les proportions globales entre ces couches et les couches les plus pauvres.

2. On a distingué la consommation des ménages en deux composantes (colonnes 1 et 3 du tableau VII) : la consommation correspondant à la reconstitution de la valeur de la force de travail, et la surconsommation.

Pour ce faire, on a fait l'hypothèse que la consommation par tête correspondant à la moitié pauvre de la société représentait la consommation minimale nécessaire pour la reproduction de la force de travail. Cette consommation — 170 $ par tête, ou 645 $ par actif — est ventilée entre les différents postes proportionnellement aux données fournies pour la couche voisine de ce revenu dans les enquêtes de consommation. Par différence on obtient la surconsommation. La somme consommation nécessaire plus surconsommation donne la consommation totale des ménages, qui s'établit en moyenne à 370 $ par tête, ou encore 1 400 $ par actif.

Cet éclatement, si grossier soit-il, constitue un outil essentiel pour qui voudrait proposer une politique de développement dont l'objectif réel serait la satisfaction prioritaire des besoins des masses et non, par exemple, la maximation de la consommation globale, surconsommation incluse, c'est-à-dire la maximation de la croissance dans les structures actuelles. Il va également nous servir à analyser l'utilisation que le système arabe fait de sa force de travail pour satisfaire les différents besoins de la société.

V. *L'utilisation de la force de travail arabe.*

1. Dans les tableaux XII, XIII et XIV, on a ventilé la distribution des emplois, pour différents niveaux de qualification, entre les onze branches retenues.

L'exploitation des statistiques de l'emploi non agricole est retracée par le tableau XII. Dans le tableau XIII, on a confronté les effectifs de l'emploi (complétés pour l'agriculture, l'administration et les services domestiques et éclatés pour les industries 3 à 7) à la valeur ajoutée par chacune des branches. On vérifie que la valeur ajoutée par actif est de 400 $ dans l'agriculture et de 4 000 $ dans les activités non agricoles, pétrole exclu.

Le tableau XIV fournit une distribution de l'emploi éclaté en trois niveaux de qualification qui correspondent aux stocks d'éducation : illettrés et primaire ; secondaire et technique ; supérieur. Les pourcentages globaux pour chacun des niveaux sont respectivement de 87 %, 8,3 % et 4,8 %.

2. On a voulu ensuite calculer le contenu direct et indirect en travail pour chaque niveau de qualification requis pour la satisfaction des besoins de la société.

Pour cela, on a défini trois ensembles de besoins sociaux, représentés par chacun des trois vecteurs verticaux D1, D2 et D3 du tableau XV :

— D1 : consommation correspondant à la reproduction de la force de travail (24,4 Mlds $)

— D2 : surconsommation (24,5 Mlds $)

— D3 : besoins indirects, soit : 1) consommation administrative ; 2) F. B. C. F. ; 3) exportations nettes d'importations. Au total, 106,3 Mlds de dollars.

La section carrée du tableau XV reprend la matrice des coefficients techniques du tableau en onze branches, les vecteurs verticaux de la demande finale D1, D2, D3 et leur somme D. Les vecteurs horizontaux E, E1, E2 et E3 fournissent le nombre des emplois (en milliers) par milliard de production de chaque branche. Le vecteur E correspond à l'emploi total et chacun des vecteurs E1, E2 et E3 à chacun des niveaux de qualification retenu.

Le tableau XVI est un tableau interindustriel agrégé, pour plus de simplicité, en cinq branches construit à partir du tableau XI. Le tableau XVIII fournit les éléments de calcul du travail incorporé pour cinq branches et correspond au tableau XV qui fournit ces mêmes éléments pour onze branches.

A partir du tableau XVII, on calcule la matrice $|1 - A|^{-1}$

$$|1 - A|^{-1} = |1| + |A| + |A|^{2} + |A|^{3} + \dots$$

qui donne :

1,177	0,006	0,237	0,071	0,019
0,023	1,109	0,050	0,049	0,065
0,122	0,052	1,532	0,648	0,180
0,002	0,001	0,005	1,001	0,021
0,193	0,056	0,521	0,271	1,203

On calcule ensuite chacune des trois matrices du travail incorporé T1, T2, T3.

$|T| = |E| \; |1 - A|^{-1}$

$|E|$ étant chacune des trois matrices diagonales de l'emploi par milliard de production, E1, E2 et E3.

soit :

a) $|T1| = |E1|\ |1 - A|^{-1}$

	1 883 200	9 600
	0 073	3 527
	5 368	2 288
	0 136	0 068
	9 225	2 677
Total	1 898 002	18 158

b) $|T2| = |E2|\ |1 - A|^{-1}$

	0	0
	0 022	1 064
	1 696	0 723
	0 012	0 007
	11 387	3 304
Total	13 117	5 097

c) $|T3| = |E3|\ |1 - A|^{-1}$

	0	0
	0 009	0 450
	0 682	0 292
	0 008	0 004
	6 770	1 970
Total	7 469	2 716

379 200	113 600	30 400
0 159	0 156	0 207
67 408	28 512	7 920
0 340	68 068	1 428
24 904	12 954	57 503
472 010	223 288	97 458

0	0	0
0 048	0 047	0 062
21 295	9 007	2 502
0 031	6 206	0 130
30 739	15 989	70 977
52 112	31 249	73 671

0	0	0
0 021	0 020	0 027
8 570	3 628	0 900
0 020	4 004	0 082
18 400	9 500	42 300
27 011	17 152	43 309

Le travail (direct et indirect) T1, T2, T3 incorporé dans les demandes D1, D2 et D3 est obtenu en multipliant les éléments colonne de chaque matrice T par les éléments respectifs composant les demandes finales D1, D2, D3. Soit :

a) qualification inférieure :

	T1 D1	T1 D2	T1 D3
	12 147	7 028	5 694
	9	29	1 503
	7 410	6 797	— 5 475
	66	156	4 488
	146	350	458
Total	19 778	14 360	6 668

b) qualification moyenne :

	T2 D1	T2 D2	T2 D3
	84	55	4
	3	8	422
	818	750	— 604
	9	22	628
	110	265	346
Total	1 025	1 101	796

c) qualification supérieure :

	T3 D1	T3 D2	T3 D3
	47	32	2
	1	4	224
	424	388	— 313
	5	12	344
	64	155	203
Total	543	592	462

On obtient alors le tableau à double entrée suivant (en milliers d'emplois).

Qualifications du travail	Travail incorporé dans les demandes D1	D2	D3	D (Total)
T1	20 400	15 800	6 930	43 130
T2	1 175	1 275	919	3 369
T3	630	688	533	1 851
Total T	22 205	17 763	8 382	48 350

La colonne D correspond aux effectifs de l'emploi par niveau de qualification du tableau XVI. On remarquera que ces chiffres diffèrent légèrement de ceux obtenus par le calcul (paragraphe précédent), différence qui provient du caractère approché du calcul de la matrice $|1 - A|^{-1}$.

On introduit ensuite l'emploi : *a*) dans l'administration, élément de D3 ; *b*) des domestiques, élément de D2. On obtient :

Travail incorporé dans les demandes finales (milliers d'emplois)

	D1		D2	
	Emplois	%	Emplois	%
T1	20 400	91,7	18 450	90,3
T2	1 175	5,4	1 275	6,3
T3	630	2,9	688	3,4
Total T	22 205	100	20 413	100

Distribution des éléments du travail incorporé par rapport à la force de travail totale (53 400 milliers d'emplois)

	D1	D2	D3	D
T1	38,0	34,0	14,7	86,7
T2	2,2	2,4	3,8	8,4
T3	1,2	1,3	2,4	4,9
T	41,4	37,7	20,9	100,0

Distribution des éléments du travail incorporé selon leur qualification

	D1	D2	D3	D
T1	43,5	39,9	16,6	100
T2	26,5	29,8	43,7	100
T3	24,8	26,9	48,3	100
T	41,4	37,7	20,9	100

3. Les résultats du calcul effectué permettent de mesurer les effets de distorsion dans l'emploi de la force de travail qu'entraînent les modalités de l'intégration de l'économie arabe dans le système mondial.

D3		D	
Emplois	%	Emplois	%
7 570	70,1	46 420	86,9
1 979	18,4	4 429	8,3
1 233	11,5	2 551	4,8
10 782	100	53 400	100

En ce qui concerne l'utilisation de l'ensemble de la force de travail, la comparaison entre le système arabe et celui des pays développés est instructive. Le tableau qui suit est établi à partir de la France en 1971, qui constitue un bon échantillon du monde développé (chiffres de Baudelot, Establet et Toiser, *Qui travaille pour qui ?,* Paris, 1979, p. 180) :

	Economie arabe 1976	France 1971
Utilisation de la force de travail pour la satisfaction		
— de D1 (consommation)	41,4 %	49,8 %
— de D2 (surconsommation)	37,7 %	9,6 %
— de D3 (demande indirecte)	20,9 %	40,6 %
Travail total	100	100

On constate que l'appareil productif des pays développés est surtout orienté vers la satisfaction des exigences de la reproduction de la force de travail et accessoirement seulement vers celles de la surconsommation. D'un autre côté, pour ces pays, l'intervention de l'Etat et le niveau de l'accumulation sont plus élevés (41 % contre 21 % pour le monde arabe) mais ils assurent la reproduction d'un système D1/D2 plus favorable à D1 (D1/ D1 + D2 = 84 %, contre 52 % pour le monde arabe).

En revanche, le système arabe apparaît comme bien plus tourné vers la satisfaction de la surconsommation.

La proportion plus faible de travail consacré à la demande indirecte dans les pays arabes appelle quelques commentaires.

La force de travail affectée à l'accumulation est de manière évidente un emploi indirect destiné à reproduire le système social. Il en est ainsi pour autant que la politique d'accumulation vise au développement dans le système et non à la mise en place d'une nouvelle société qualitativement différente de l'ancienne. Sans doute le discours du développement prétend-il le contraire ; mais on peut en douter.

La force de travail affectée à l'Etat (fonctionnaires et agents de l'Etat plus travail incorporé dans les consommations courantes de biens et services par l'Etat) est, de même, destinée à permettre la reproduction du système social et le développement dans le système.

Mais qu'en est-il de la force de travail affectée à la production destinée à l'exportation ? Dans le cas où les exportations et les importations s'équilibrent en valeur, on pourrait considérer que le travail incorporé dans les exportations sert à payer les importations. On pourrait ainsi comparer la quantité de travail incorporé dans nos exportations à celle incorporée dans la production étrangère qui fournit nos importations et mesurer par là le degré d'égalité (ou d'inégalité) des échanges. Si les exportations sont supérieures (ou inférieures) en valeur aux importations, on pourrait les réduire (ou les augmenter) en proportion pour rétablir l'égalité permettant la comparaison. Mais on peut aussi considérer que l'excédent du commerce (ce qui est le cas pour le système arabe) constitue un placement extérieur, qui est à son tour un élément de reproduction du système. C'est ce que nous avons choisi de faire.

Dans le cas arabe, d'évidence, les exportations de pétrole n'incorporent qu'une quantité de travail totale (directe et indirecte) très faible. Or, ces exportations permettent des importations (et un excédent de surcroît) qui incorporent une quantité de travail considérablement plus importante. C'est là même l' « avantage comparatif » invoqué pour justifier la participation à la division internationale du travail. La comparaison des quantités de travail ainsi échangées suggérerait même un « échange inégal » en faveur du monde arabe. C'est bien entendu une conclusion hâtive, puisqu'il s'agit là d'une ressource non renouvelable et que la rente pétrolière doit compenser l'épuisement de cette ressource. Toujours est-il que c'est précisément parce que le vecteur D3 est constitué de la sorte (somme algébrique consommation administrative plus accumulation, plus exportations moins importations) que la proportion du travail incorporé pour la satisfaction de la demande D3 est inférieure dans le monde arabe à ce qu'elle est en Occident développé.

Au cas donc où l'on aurait considéré un vecteur D3 réduit à ses deux éléments Etat et accumulation sans tenir compte du commerce extérieur, on aurait obtenu la distribution du travail incorporé suivante :

Branches	D3 réduit	T1 D3	T2 D3	T3 D3	TD3
1	0	0	0	0	0
2	1,5	27	7	4	38
3	24,5	11 600	1 250	660	13 510
4	20,2	4 460	630	340	5 420
5	4,4	428	320	190	938
Total	50,6	16 515	2 197	1 194	19 906

La structure de la distribution du travail eût alors été, en ce qui concerne la part du vecteur D3, plus proche de celle des pays développés. Mais la distorsion dans le partage D1/D2 reste inchangée.

Distribution du travail incorporé

	Hypothèse D3 complet		Hypothèse D3 réduit		
	Quantité de travail total	%	Quantité de travail total	%	Pays développés %
D1	22 205	41,4	22 205	34,0	49,8
D2	20 413	37,7	20 413	31,4	9,6
D3	10 782	20,9	22 306	100	40,6
D	53 400	100	64 924	34,6	100

L'échange extérieur permettrait évidemment au monde arabe d' « économiser » la différence, soit 11 524 milliers de travailleurs/an. En fait, ce dernier chiffre n'a qu'une signification limitée. Le travail incorporé dans les importations retenu dans le calcul concernant l'hypothèse D3 complet n'est pas le travail étranger incorporé effectivement dans ces importations, mais le travail local (arabe) qui aurait dû être affecté à la satisfaction de cette demande si les importations, supprimées, étaient remplacées par des productions locales. On suppose donc que chaque branche peut produire une gamme complète de produits de substitution aux importations. L'hypothèse est acceptable lorsqu'on compare deux ensembles développés dont la gamme des productions recouvre pratiquement tous les besoins, à l'exception de quelques matières premières (par exemple, l'Europe et les Etats-Unis). Cela n'est pas le cas lorsqu'on compare le monde arabe au « reste du monde ». On peut donc seulement dire que les exportations de pétrole permettent l'importation de nombreux biens analogues ou non à ceux que l'on produit dans le monde arabe qui coûtent ou coûteraient une quantité considérable de travail. On constate aussi, ce qui est moins évident, que l' « économie de travail » que permet la participation du monde arabe à la division internationale du travail (quel qu'en soit le volume exact) est affectée à la satisfaction de la surconsommation D2 et non à la consommation nécessaire D1.

Par ailleurs, le système arabe, comparé à celui du monde développé, présente cette caractéristique particulière d'une distorsion systématique dans l'emploi de la force de travail qualifiée en faveur de la surconsommation et de la demande indirecte.

En effet, en ce qui concerne l'économie arabe,

— la demande D1 (reproduction de la force de travail F. T.) absorbe 41,4 % du travail total, mais 26,5 % du travail moyennement qualifié et 24,8 % du travail fortement qualifié ;

— la demande D2 (surconsommation) absorbe 37,7 du travail total mais 29,8 % du travail moyennement qualifié et 26,9 % du travail fortement qualifié ;

— la demande D3 (indirecte) absorbe 20,9 % du travail total mais 43,7 % du travail moyennement qualifié et 48,3 % du travail fortement qualifié.

Comparativement, le travail qualifié est moins inégalement réparti en France que dans le monde arabe entre les diverses demandes (directe et indirecte). C'est ainsi que, dans l'exemple français cité, on a :

— pour la consommation (49,8 %) ; et la surconsommation (9,6 %) :
  Cadres moyens : 9,9 % du travail incorporé, soit 4,9 % de la F. T.
  Cadres supérieurs : 5,3 % du T. I., soit 2,7 % de F. T.

— pour l'accumulation (14 %) :
  Cadres moyens : 9,3 % de T. I., soit 1,3 % de F. T.
  Cadres supérieurs : 4,8 % de T. I., soit 0,7 % de F. T.

— pour l'Etat (26,6 %) :
Cadres moyens : 18,1 % de T. I., soit 4,8 % de F. T.
Cadres supérieurs : 9,6 % de T. I., soit 2,5 % de F. T.

Au total, en France, la reproduction de la force de travail, qui absorbe 49,8 % de la F. T., absorbe 45 % de la F. T. des cadres moyens et 46 % de la F. T. des cadres supérieurs.

Le travail qualifié est considéré comme un facteur rare, dont l'insuffisance constituerait un goulot d'étranglement freinant la croissance. Or on voit que ce facteur rare est particulièrement mal employé : très peu pour la satisfaction des besoins des masses, et beaucoup pour celle des privilégiés, directement ou indirectement.

Ce résultat appelle un commentaire : quel sens y a-t-il à calculer ainsi une « moyenne arabe » à partir d'un tableau interindustriel global, somme d'une vingtaine de tableaux concernant des pays aussi différents que le sont les pays arabes ? En fait, la distorsion qu'il révèle est non seulement commune à tous ces pays, mais, qui plus est, indique le sens de l'évolution. Si en effet on avait fait le même calcul pour chacun des pays, on aurait découvert que cette distorsion est plus forte en Egypte qu'au Soudan, en Irak qu'en Egypte et au Koweit qu'en Irak. C'est-à-dire que plus on s'élève dans l'échelle du « développement », tel qu'on le mesure par le P. I. B., du groupe D vers le groupe A, plus la distorsion est marquée. La moyenne, qui est déjà plus élevée que pour les autres régions du tiers monde, indique bien la direction dans laquelle se fait le développement. En ce sens, elle est significative.

VI. Conclusion : la problématique de l'intégration au système mondial, la domination des transnationales sur l'économie arabe, le pétrole, l'unité arabe.

1. Les questions relatives aux relations qui, dans le système contemporain, marquent la domination des transnationales sur les économies des Etats, et notamment des pays du tiers monde, sont abordées le plus souvent dans une option micro-économique, en ce sens qu'elles envisagent les effets de domination d'une société multinationale particulière ou d'un groupe de celles-ci sur l'économie d'un secteur ou d'un pays. On étudie par exemple le fonctionnement de l'industrie de l'aluminium ou du marché de la banane et on fait ressortir le rôle décisif des monopoles qui dominent cette industrie ou ce marché. Ces études ont leur importance, et elles ont largement contribué à mieux connaître la réalité du système économique mondial contemporain. Elles sont néanmoins insuffisantes pour saisir dans toute leur ampleur les mécanismes de l'accumulation et du développement à l'échelle mondiale. Pour comprendre réellement ces mécanismes, il faut non seulement se situer d'emblée au niveau macro-économique, mais encore appréhender la réalité dans toute sa totalité, économique, mais aussi politique et sociale.

Les analyses sectorielles de la domination des transnationales sur les différents ensembles de secteurs et d'industries sont, certes, déjà considérablement plus riches que les analyses traditionnelles confinées à l'inventaire de la propriété. Pourtant, dans le monde arabe en particulier, la conscience politique n'a pas toujours dépassé ce niveau superficiel : la domination extérieure y est alors réduite à l'appropriation étrangère. C'est que la propriété étrangère du capital a en effet été dominante pendant une longue période de l'histoire, de la fin du XIXe siècle aux années 50 et 60. En Afrique du Nord française, cette appropriation a englobé non seulement toutes les activités industrielles, mais encore la fraction majeure de la production agricole commercialisée (les « terres de la colonisation ») et, par le biais des petites et moyennes entreprises des colons, la petite production dans tous les secteurs de l'activité. En Egypte, le capital étranger, associé au capital monopolistique privé égyptien (groupe Misr), a dominé tous les secteurs de l'industrie, de la banque, du grand commerce et des services modernes, tandis que les colonies étrangères ont longtemps prédominé dans les secteurs de la petite production capitaliste. Seule l'agriculture, dominée par la grande propriété latifundiaire, échappait à l'appropriation étrangère directe. Dans l'empire ottoman, puis dans les Etats héritiers, l'appropriation étrangère, plus tardive et limitée, s'est néanmoins progressivement étendue du secteur des services à celui de l'industrie. Enfin, la production pétrolière était directement dominée par le cartel des sociétés américaines, anglaises et françaises. Une analyse de l'économie arabe vers 1950 aurait fait ressortir cette appropriation étrangère massive et décisive.

Mais il n'en est plus de même aujourd'hui. La propriété étrangère formelle s'est rétrécie et a même pratiquement disparu, au moins pour certaines périodes dans certains pays (en Egypte, par exemple, de 1957 à 1971). L'exode des colonies étrangères (notamment d'Afrique du Nord), la nationalisation systématique des entreprises étrangères et même de larges secteurs du capital national — en Egypte d'abord, puis en Syrie, en Irak, en Algérie, en Libye, en Tunisie, au Soudan et au Yémen démocratique — ont transformé les structures de la propriété. Mais la tendance à la substitution d'un capitalisme d'Etat, comme forme dominante de la propriété, aux anciennes formules mixtes capital étranger-capital privé local ne domine pas seulement l'économie des pays arabes ayant opté pour une voie socialiste. Elle opère également avec force dans les autres pays, du Maroc aux Etats du Golfe. La nationalisation de la propriété du sous-sol et de la production du pétrole ont opéré, au cours des années 60 et 70, dans la même direction.

Progressivement, une fois la propriété formelle récupérée, on devait se rendre compte que, du seul fait de la participation des économies arabes au système mondial, la domination du capital des monopoles dominant ce système à l'échelle globale poursuivait ses effets. Cette prise de conscience est néanmoins tout à fait récente et demeure limitée, en général, aux milieux professionnels.

Les thèmes concernant les formes nouvelles de cette domination commencent à être connus. En premier lieu vient la dépendance technologique. Celle-ci, loin d'être purement morale et intellectuelle, se manifeste par : 1) les prix de monopole très élevés que les transnationales imposent pour la vente des équipements industriels et des inputs stratégiques dans les processus productifs (*engineering* et *know-how* industriels, inputs fournis par l'agrobusiness, etc.) ; 2) le refus des transnationales de vendre les éléments de la technologie au détail et le choix qu'elles imposent de leur acheter des ensembles complexes « clés en mains » et, enfin, 3) leur refus aussi de vendre certaines technologies qui leur permettent de conserver le contrôle de l'ensemble des processus productifs. Or les pays arabes sont contraints à l'heure actuelle d'importer pratiquement tous les moyens de production industriels. De plus, les orientations du développement agricole qu'ils envisagent s'inscrivent dans une perspective où le recours à l' « agrobusiness » des transnationales prendra une importance de plus en plus décisive. Toutes les entreprises arabes, privées ou d'Etat, sont ainsi liées aux transnationales par des relations de dépendance étroite. L'achat massif d'usines clés en mains auquel recourent les pays riches, qui croient ainsi accélérer leur développement, a fait l'objet de nombreuses analyses critiques. Il est certes difficile d'estimer le transfert de valeur opéré de ce fait, car, tandis que dans les formes anciennes de la propriété étrangère le transfert de profit était, au moins en partie, visible, désormais ce transfert est incorporé dans la structure des prix. Mais il est considérable. Le recours aux prêts extérieurs et aux crédits fournisseurs — privés, généralement — destinés à faciliter ces achats de moyens de production constitue de surcroît l'élément le plus accélérateur de la dette extérieure.

L'option en faveur d'industries d'exportation accentue encore cette dépendance coûteuse. Or les pays arabes ont choisi cette option, au détriment de celle d'un développement autocentré, pour aller au-delà de la phase de la substitution d'importations. Les uns, les pays financièrement riches, ont choisi de fonder ces industries d'exportation sur l'exploitation de leurs richesses naturelles (par exemple, la chimie des plastiques, les engrais et l'aluminium dans les pays du Golfe). Les autres ont voulu s'inscrire dans la perspective d'une industrie de main-d'œuvre à bon marché (exemples : la zone franche du canal de Suez en Egypte, le textile et l'habillement au Maroc et en Tunisie). Aux dépendances technologiques extrêmes qu'impose fatalement la destination des produits dans les deux cas s'ajoute donc le contrôle des transnationales sur le marketing des produits.

2. Les réflexions qui précèdent nous conduisent à situer la dépendance de l'économie arabe par rapport au capital monopolistique dominant dans sa perspective historique réelle. De ce point de vue, la formation du système mondial contemporain est passée par trois étapes, auxquelles correspondent trois familles de modalités d'intégration de la périphérie dominée.

La première phase, caractérisée par la mondialisation progressive du marché des marchandises, occupe presque tout le XIXe siècle et s'étend même parfois au-delà. Une certaine division internationale du travail s'établit dans ce cadre, mais la production pour l'exportation s'organise à la périphérie dans le cadre de modes de production autonomes. En certains cas, les classes dominantes s'inscrivent d'elles-mêmes dans ce cadre et modifient en conséquence les formes d'organisation de la production. L'exemple-type en est la transformation de la propriété foncière et le développement de la production du coton en Egypte entre 1860 et la fin du siècle, et, à une échelle plus modeste, l'organisation d'une production agricole d'exportation au Levant ottoman. L'Irak connaîtra une transformation semblable dans l'entre-deux-guerres. En Afrique du Nord française et en Palestine, ce sont directement les colons qui organisent cette production d'exportation sur les terres de la colonisation enlevées aux peuples de la région.

La seconde phase est caractérisée par la mondialisation progressive du marché des capitaux. La centralisation du capital, au niveau atteint vers la fin du XIXe siècle, permet l'exportation de celui-ci et donc la mise en place d'unités de production capitalistes étrangères. Cette phase classique de l'impérialisme s'étend dans le monde arabe jusqu'aux années 50-60. Les unités de production capitalistes étrangères, qui s'emparent d'abord des secteurs commerciaux et financiers en aval des spécialisations d'exportation, s'étendent progressivement à l'industrie de substitution d'importations, notamment en ce qui concerne l'Egypte et l'Orient arabe pendant la seconde guerre mondiale. Mais ces unités conservent une certaine autonomie par rapport aux monopoles métropolitains, même lorsqu'elles sont des filiales de consortiums financiers. La critique nationaliste de la domination étrangère s'est développée au cours de cette phase, et c'est pourquoi le thème de la nationalisation a prédominé sans engendrer une conscience claire des limites de cette substitution de la propriété publique nationale à celle du capital étranger.

La troisième phase de l'évolution est à peine amorcée. Il s'agit cette fois d'une étape supérieure de la division internationale du travail, caractérisée par l'éclatement du système productif en unités éparses, géographiquement dispersées entre les pays du centre et ceux de la périphérie, mais obéissant à une seule stratégie d'ensemble. L'éclatement du système productif est fondé sur l'exploitation maximale par le capital dominant des « avantages comparatifs ». Ceux-ci sont fondés sur, d'une part, l'exploitation des conditions différentes du marché du travail et, d'autre part, l'appropriation des rentes attachées à la disposition des ressources naturelles. Il s'agit en quelque sorte d'une mondialisation du marché du travail, qui parachève ainsi la trilogie : marchandises, capital, travail. La domination d'ensemble du capital peut opérer par le moyen de l'appropriation formelle des différents segments productifs par les transnationales. Mais elle peut tout aussi bien s'exercer en abandonnant la propriété formelle de certains segments, à condition de conserver le contrôle des éléments stratégiques du processus, notamment la production des moyens de production les plus modernes.

Les symptômes par lesquels se manifeste l'intégration particulièrement poussée de l'économie arabe dans le système mondial contemporain ont été signalés dans les pages précédentes. Les faiblesses de cette économie en sont les conséquences inéluctables.

Première faiblesse : la désarticulation totale des systèmes industriels, qui se manifeste par la faiblesse des échanges interindustriels d'inputs et d'équipements produits localement. En relation avec cette désarticulation, on observera l'imperméabilité presque totale qui caractérise le monde politique arabe à l'argument de l'autonomie technologique nécessaire. Celle-ci est généralement considérée soit comme impossible, soit comme l'expression d'un nationalisme culturel, non d'une nécessité sociale et économique. Les plans de développement, articulés sur l'industrie d'exportation, accentuent encore cette désarticulation.

Deuxième faiblesse : le retard persistant de l'agriculture, parent pauvre dans les politiques de développement, l'industrie moderne absorbant tous les moyens financiers et autres. Outre les obstacles sociaux qui s'opposent à la modernisation de l'agriculture, l'exploitation du monde rural au profit de l'accumulation industrielle dépendante aggrave le déficit alimentaire et rétrécit les potentialités du marché local. Là encore, les projets de développement, axés sur les grands ouvrages et le recours aux technologies importées, accentueront la domination des transnationales de l'agrobusiness sans apporter de solution décisive aux problèmes fondamentaux.

Troisième faiblesse : la distribution de plus en plus inégale du revenu, à mesure que progresse l'intégration au système de la division internationale du travail. Cette distribution régressive s'accompagne d'une adoption massive des modes de consommation européens. Elle rétrécit le marché des productions essentielles pour la satisfaction des besoins et oriente les choix de développement dans la direction d'une désarticulation croissante de productions greffées sur le système mondial.

Quatrième faiblesse : la distorsion grandissante dans l'orientation globale du développement s'accompagne d'une distorsion régressive parallèle dans l'affectation des ressources rares, en particulier la force de travail qualifiée.

Cinquième faiblesse : l'incapacité du système arabe, dans ces conditions, à utiliser les moyens dont il dispose abondamment, notamment les moyens financiers que lui procurent les exportations d'hydrocarbures, pour son propre développement. Cette incapacité, aggravée par l'émiettement politique de la région (mais celui-ci est entretenu par le développement extraverti), intègre davantage encore la région dans le système mondial, en lui imposant des fonctions particulières dans l'équilibre monétaire international.

3. Telles sont les bases objectives de la domi-

nation du capital des monopoles transnationaux sur l'ensemble de l'économie arabe, et non seulement sur tel ou tel secteur ou entreprise considérés isolément. C'est aussi le cas dans une autre région du tiers monde, le groupe des quatre pays d'Asie orientale (Corée du Sud, Taiwan, Hong-Kong et Singapour), dont le développement est fondé sur une industrialisation désarticulée maximale. (La meilleure étude qui permette de voir combien le « miracle » de la Corée du Sud est fragile en comparaison du développement autocentré prodigieux de la Corée du Nord est celle de Gavan Mc Cormack, Mark Selden et autres, *Korea, North and South,* M. R. P., New York, 1978.)

Par contre, en Amérique latine, dans l'ensemble, les systèmes industriels locaux, plus avancés d'ailleurs que dans le monde arabe, bien que dominés par les monopoles au niveau de la technologie, sont moins désarticulé et au contraire plus intégrés (notamment au Brésil). En Afrique noire et en Asie du Sud et du Sud-Est, l'industrie reste en général plus embryonnaire (sauf, en termes absolus, en Inde), les retards de l'agriculture marqués et la distribution des revenus régressive ; mais, dans tous ces domaines, finalement, les processus du développement régressif sont moins avancés que dans le monde arabe.

4. L'histoire arabe ne commence pas avec le pétrole, bien sûr, pas même l'histoire de son intégration comme périphérie dominée par l'impérialisme. Le pétrole a cependant, avant 1973 et

encore davantage depuis lors, accentué les distorsions du développement arabe dépendant.

Tout en créant l'illusion de richesse, le pétrole opère un peu comme l'or d'Amérique pour l'Espagne du XVIIe siècle : il retarde les transformations fondamentales qui conditionnent une véritable renaissance arabe.

Il n'est pas vrai que les pays arabes préparent l'« après-pétrole ». Les pays pétroliers (groupe A) négligent en fait chaque jour davantage les activités sur la base desquelles ils ont vécu jusqu'ici. Et, quand ils s'en occupent, c'est pour fonder des projets de développement fondés précisément sur la continuation du système actuel. Par exemple, combien de programmes d'irrigation sont basés sur l'énergie à bon marché, c'est-à-dire précisément sur le pétrole ! Avec l'assèchement des puits d'or noir, les périmètres « mis en valeur » retourneront donc immanquablement au désert. Les pays semi-pétroliers (groupe B) n'envisagent rien qui soit différent de ce qu'a tenté l'Egypte avant eux. Que la rente pétrolière vienne à diminuer et ils se retrouveront face au même désastre. Les pays non pétroliers (groupe C et D) tentent de survivre en retardant les échéances par l'accès, direct ou indirect, à une portion, même congrue, de la manne pétrolière. La « solidarisation » des situations ainsi créée n'est pas l'unité. Elle reste aussi périssable que l'ensemble de l'édifice bâti tout entier sur une ressource non renouvelable.

L'investissement à l'étranger de surplus éventuels, que certains voient comme un « placement de père de famille » n'est nullement garanti. Il y a fort à parier, en effet, que le jour où le flux de pétrole aura cessé et où la région n'aura plus cette arme de pression à sa disposition, les pays occidentaux trouveront le moyen de « nationaliser » ces placements.

La comparaison avec quelques-uns des principaux pays de l'O. P. E. P. est instructive. Le tableau suivant retrace quelques-unes des proportions significatives de la structure de ces pays pour la période 1975-78 :

Proportions au P. I. B.	Venezuela	Nigeria	Indonésie	Iran
1. Agriculture	6	26	31	9
2. Mines, pétrole	23	30	19	40
3. Industries	17	7	9	10
4. Exportations	32	35	22	40
5. Importations	27	32	21	32
6. F. B. C. F.	31	31	21	25

Sans doute tous ces pays présentent-ils, à des degrés divers, des caractères analogues à ceux du monde arabe : la place décisive occupée par la production pétrolière dans le P. I. B., et, par là, des exportations ; l'excédent commercial ; le niveau élevé des investissements. Mais le Venezuela est relativement plus industrialisé, la production agricole du Nigeria et de l'Indonésie plus importante. En pénétrant en profondeur dans l'analyse comparative, on se rend compte du caractère limité de l'analogie inspirée par la place du pétrole.

En revanche, l'analogie entre la situation

actuelle du monde arabe et celle de l'Iran est frappante. A l'échelle d'un quart environ du monde arabe, l'Iran présente une similitude extrême des structures : désarticulation industrielle, retard extrême de l'agriculture, distribution du revenu régressive au maximum, distorsion fabuleuse dans l'affectation des ressources, etc. La leçon est sans doute à méditer.

5. Les politiques de développement mises en œuvre dans le monde arabe durant les trente dernières années, avant et après 1973, ont toujours prétendu s'inscrire dans une perspective qui permettait, par l'accélération de la croissance, de se rapprocher du monde développé dans ses structures globales (technologie, industrialisation, urbanisation, modes de consommation et niveaux de vie, etc.) et de passer ainsi progressivement de la dépendance à l'interdépendance. Or l'examen des structures montre que l'accélération de la croissance n'a pas opéré dans cette direction. Au contraire, dans tous les domaines, l'écart qualitatif s'est accentué et les faiblesses se sont aggravées. La dépendance, en changeant de forme, s'est accentuée. La richesse apparente procurée par le pétrole à partir de 1973 a sans aucune doute accéléré la croissance ; mais dans une direction régressive : elle est sans aucun doute à l'origine de l'intégration inégale plus poussée du monde arabe dans le système mondial.

L'autre terme de l'alternative, c'est évidemment un développement autocentré et populaire, lequel impliquerait : 1) une révision drastique des priorités au bénéfice de l'agriculture et d'une industrialisation au service du développement agricole et des besoins des grandes masses populaires ; 2) une révision fondamentale des choix technologiques ; 3) une révision de l'affectation des ressources rares, notamment de la force de travail qualifiée et sans doute des formes et du contenu des qualifications ; et 4), en conséquence, une déconnexion sélective et une réduction parallèle de l'intégration du système productif arabe dans le système mondial dominé par les monopoles transnationaux. Nous avons traité de l'ensemble de ces problèmes dans *La crise de l'impérialisme* ainsi que dans *L'impérialisme et le développement inégal*.

Il est facile de dire que ce choix alternatif est irréaliste, impossible, qu'il est en un mot une utopie. Certes, il ne correspond actuellement au programme d'aucune force fondamentale, ni même d'aucune force politique un tant soit peu réelle. Mais il répond aux intérêts objectifs des peuples arabes. Il est donc à ce titre, un « autre développement », possible, et même objectivement nécessaire.

Parce que les forces politiques réelles qui opèrent sur la scène arabe rejettent ce choix alternatif, le refus par les peuples arabes des différentes variantes du même modèle que proposent ces forces peut fort bien engendrer une « révolte populiste ». L'exemple de l'Iran n'est-il pas là pour le prouver ? Il exprime clairement ce que les peuples refusent, sans pour autant être capables, dans l'immédiat, de formuler une stratégie cohérente. Cependant, malgré l'ambiguïté idéologique, les culs-de-sac politiques, les percées suivies de brusques retours en arrière, les forces d'un « autre développement » peuvent finir par se cristalliser dans le cours mouvementé de la révolte populiste. Ce ne serait pas la première fois que l'histoire aurait progressé de cette manière.

TABLEAU I

P. I. B. 1976
POPULATION TOTALE EN 1976
ET POPULATION ACTIVE

	P. I. B. 1976 (en Mlds $)	Population totale 1976 (en milliers)	Population active 1977	
			Total (en milliers)	dans l'agriculture (%)
1. Algérie	16 497	17 300	3 744	53
2. Maroc	8 083	17 830	4 872	52,9
3. Tunisie	4 450	5 740	1 446	43,2
4. Mauritanie	435	1 350	461	84,3
5. Lybie	14 164	2 510	650	19,7
6. Egypte	14 905	37 870	10 427	51,6
7. Soudan	5 064	16 130	5 065	78,5
8. Jordanie	1 206	2 780	691	28,1
9. Syrie	5 904	7 600	1 998	48,6
10. Liban	1 467	2 961	793	12,4
11. Irak	15 690	11 510	2 955	42,1
12. Arabie Séoudite	43 924	9 240	2 001	62,0
13. Koweit	12 144	1 031	312	1,7
14. Bahrein	1 195	259	60	6,6
15. Qatar	2 864	95	90	(7)
16. Emirats arabes unis	9 710	229	(56)	(7)
17. Oman	2 318	791	214	63,4
18. Yémen	1 857	6 870	1 578	76,3
19. Yémen démoc.	292	1 750	462	60,5
Total	162 169	143 846	37 875	56

Source : Manuel de statistiques du commerce et du développement, C. N. U. C. E. D. 1979.

TABLEAU II

	(1) Agriculture forêts pêche	(2) Mines Electricité pétrole	(3) Industries de transform.
1. Algérie (1976)	8	26	13
2. Maroc (1975)	24	9	15
3. Tunisie (1976)	17	8	9
4. Mauritanie (1973)	23	33	5
5. Lybie (1975)	3	51	2
6. Egypte (1975)	30	5	17
7. Soudan (1974)	79	2	9
8. Jordanie (1975)	15	5	12
9. Syrie (1976)	22	11	11
10. Liban (1972)	10		16 [2]
11. Irak (1975)	7	57	6
12. Arabie Séoudite (1976)	1	71	5
13. Koweit (1975)	0	72	5
17. Oman (1975)	2	65	0
18. Yémen (1973)	61	1	2
19. Yémen dém. (1970)	19	2	25

Notes : 1. Y compris branche (5).
2. Y compris branche (2).
La somme n'est pas toujours égale à 100 parce que les droits sur importations n'ont pas toujours été inclus.

)RIGINES DU P. I. B. (en %)

(4) Construction	(5) Commerce	(6) Transports et communic.	(7) Autres
13	11	7	15
9	24	— — — —	19 — — — —
9		5	34 [1]
5	8	6	15
11	6	7	17
4	14	5	23
4	16	6	18
5	16	8	27
7	20	5	24
5	32	8	31
2	5	4	17
7	3	4	9
1	6	3	13
12	7	3	11
4	15	2	1
1	13	5	35

ources : U. N. *Yearbook of National Accounts,* vol. II, 1976, table 3
Gross domestic product).

TABLEAU III

	(1) Administration	(2) Consommation privée
1. Algérie (1976)	14	46
2. Maroc (1975)	16	71
3. Tunisie (1976)	15	62
4. Mauritanie (1973)	16	52
5. Lybie (1975)	27	37
6. Egypte (1975)	25	68
7. Soudan (1974)	14	77
8. Jordanie (1975)	38	92
9. Syrie (1976)	20	60
10. Liban (1972)	9	87
11. Irak (1975)	9	51 [2]
12. Arabie Séoudite (1976)	18	12
13. Koweit (1975)	16	18
17. Oman (1975)	44	11
18. Yémen (1973)	10	97

Notes : 1. Exportations moins importations.
2. Y compris administration.

EMPLOIS DU P. I. B. (en %)

(3) F. B. C. F.	(4) Exportations	(5) Importations
46	33	40
26	27	41
30	29	37
33	49	51
28	53	46
25	19	40
14	12	21
29	42	99
35	23	39
20	58	45
27	——→ 16 ←—— [1]	
22	78	31
8	81	22
30	66	51
10	3	22

Sources : Voir tableau II.

TABLEAU IV

	(1)
	Mlds $
Origines du P. I. B.	
1. Agriculture, forêts, pêche	14,7
2. Mines, pétrole, électricité, eau	82,1
3/7. Industries de transformation	11,6
Industries agricoles et alimentaires tabac	
Textiles, cuirs	
Bois, ouvrages en bois	
Papier, imprimerie	
Chimie et pétrochimie	
Transformation des minéraux non métal.	
Métaux de base	
Produits des métaux, mécanique	
Autres industries	
8. Bâtiment, travaux publics	10,0
9. Transports, communications	7,2
10. Commerce	10,9
11. Services (gouvernement exclu)	8,7
Administration	13,0
Services domestiques	4,0
Total P. I. B.	162,2
Emplois :	
Consommation privée	52,9
Consommation publique :	
Biens et services	14,6
Salaires	13,0
F. B. C. F.	36,0
Exportations	96,9
Moins importations	— 51,2

Notes et sources :
Colonne (1) : Calculée à partir des tableaux I, II et III.
Colonne (3) : Source : I. D. C. A. S., in Casadio, *op. cit.*, table 6.2.
Branches industrielles finalement retenues (pour les autres tableaux) :
3. Industries agricoles et alimentaires, boissons, tabac .... 3,6 Mlds $

ENSEMBLE DU MONDE ARABE 1976
(en milliards de dollars)

(2)	(3)	(4)
	Industries de transformation	
%	%	Mlds $
9,1		
51,1		
7,2		
	30,5	3 630
	22,4	2 600
	4,4	510
	3,0	350
	17,0	1 880
	7,0	810
	1,4	160
	13,4	1 560
	0,9	100
6,2		
4,5		
6,8		
5,4		
8,1		
2,5		
100,0		
32,8		
9,1		
8,0		
22,4		
60,0		
— 31,8		

4. Autres industries légères : textiles, cuirs, bois, papier, divers .... 3,6 Mlds $
5. Chimie et pétrochimie .... 1,9 Mlds $
6. Matériaux non métalliques .... 0,8 Mlds $
7. Métaux, mécanique .... 1.7 Mlds $

TABLEAU V

	(1) Alimentation	(2) Matières premières et semi-finies
1. Algérie (1973)	14,2	35,6
2. Maroc (1975)	28,2	27,6
3. Tunisie (1976)	12,1	33,3
4. Mauritanie (1972)	22,2	19,5
5. Lybie (1975)	14,8	35,8
6. Egypte (1976)	22,0	37,5
7. Soudan (1975)	17,5	37,8
8. Jordanie (1975)	20,5	24,6
9. Syrie (1975)	18,0	37,0
10. Liban (1973)	15,5	39,3
11. Irak (1975)	17,1	37,1
12. Arabie Séoudite (1974)	17,1	26,7
13. Koweit (1975)	15,3	20,1
14. Bahrein (1975)	5,6	15,8
15. Qatar (1975)	13,0	23,2
18. Yémen (1975)	42,9	21,7

Source : Yearbook of International Trade, 1976, vol. I.

Importations (groupes) / Branches retenues	(1)	(2)
1. Produits agricoles bruts	4,0	—
2. Mines, pétrole, électricité	—	4,0
3. Industries alimentaires et agricoles	4,5	—
4. Autres industries légères	—	—
5. Chimie	—	5,5
6. Matériaux	—	2,5
7. Métaux, mécanique	—	4,0
Totaux	8,5	16,0

STRUCTURE DES IMPORTATIONS (%)

(3) Combustibles	(4) Machines	(5) Matériel de transport	(6) Biens de consommation
1,4	27,0	14,0	7,7
10,7	17,3	11,5	4,3
11,5	23,8	11,0	8,1
6,1	27,1	19,2	5,5
1,6	20,2	12,2	15,4
5,5	17,7	12,6	4,6
3,4	15,6	18,3	7,0
10,6	14,1	17,5	11,3
6,4	14,2	14,8	9,5
4,7	11,8	12,6	15,9
0,0	18,6	22,1	5,0
0,9	17,5	19,0	18,4
0,6	13,8	28,9	22,7
50,3	12,3	4,4	11,7
1,0	19,1	18,3	24,8
5,0	5,4	9,2	15,7

Note : Appliqués aux volumes du commerce en 1976 ces proportions donnent la ventilation suivante, en Mlds $:

(3)	(4)	(5)	(6)	Total
—	—	—	—	4,0
2,5	—	—	—	6,5
—	—	—	—	4,5
—	—	—	3,2	3,2
—	—	—	0,5	6,0
—	—	—	—	2,5
—	9,5	8,5	2,5	24,5
2,5	9,5	8,5	6,2	51,2

TABLEAU VI

	(1) Produits agricoles	(2) Mines Pétrole
1. Algérie (1973)	2,6	79,3
2. Maroc (1975)	16,9	58,9
3. Tunisie (1976)	4,8	50,0
4. Mauritanie (1972)	10,3	81,3
5. Lybie (1975)	0,0	98,5
6. Egypte (1976)	42,5	18,8
7. Soudan (1975)	87,1	0,5
8. Jordanie (1975)	24,3	49,8
9. Syrie (1975)	16,8	70,8
10. Liban (1973)	17,2	0,4
11. Irak (1975)	38,7	3,7
12. Arabie Séoudite (1974)	0,1	94,3
13. Koweit (1975)	0,2	82,7
14. Bahrein (1975)	0,7	0,9
17. Oman (1975)	0,2	99,8
18. Yémen (1975)	70,1	0,0

Source : Yearbook of International Trade, 1976, vol. I.

Note : Les proportions des groupes (1), (3), (4), (5) et (6), appliquées aux volumes des exportations des années recensées donnent des valeurs globales des exportations en question. Ces volumes sont extrapolés à 1976. Le volume des exportations de pétrole (2), obtenu par solde, est comparé aux indications données directement pour ce produit. On obtient en définitive, pour 1976, en Mlds $:

STRUCTURE DES EXPORTATIONS (%)

(3) Produits manufacturés	dont : (4) Ind. agricoles et alim.	(5) Textiles	(6) Chimie
18,0	9,9	0,6	5,3
24,2	0,5	7,7	3,6
45,2	16,0	12,8	11,9
8,4	3,1	0,1	0,0
1,5	0,0	0,0	1,5
38,7	4,4	19,5	9,5
12,4	8,1	0,5	3,7
26,2	5,2	5,0	7,0
12,4	3,0	6,2	1,5
82,4	9,1	13,9	9,8
57,8	9,8	0,8	43,9
5,6	0,0	0,0	5,5
17,2	0,2	0,4	13,6
98,2	0,8	3,4	81,0
0,0	0,0	0,0	0,0
29,8	17,9	8,9	1,8

1. Produits agricoles bruts .... 5,0 Mlds
2. Produits des mines et pétrole .... 84,2 Mlds
3. Produits des industries alimentaires .... 1,0 Mlds
4. Autres industries légères (textiles, divers) .... 0,8 Mlds
5. Produits de la chimie .... 5,5 Mlds
6. Matériaux .... 0,1 Mlds
7. Produits des métaux .... 0,3 Mlds

Total .... 96,9 Mlds

TABLEAU VII

Branches	(1) Valeur de la force de travail %	(2) Mlds
1. Produits agricoles bruts	26,2	6,4
2. Energie, pétrole, mines	2,0	0,5
3. Produits alimentaires	41,8	10,2
4. Autres industries légères	13,9	3,4
5. Chimie	5,3	1,3
6. Matériaux	—	—
7. Métaux, mécanique	3,3	0,8
8. Bâtiments, travaux	1,2	0,3
9. Transports, communications	1,2	0,3
10. Commerce	—	—
11. Services	4,9	1,2
Administrations, domestiques	—	—
Total	100,0	24,4

Notes :

Colonnes (4) et (5) : La consommation moyenne par tête s'établit à 370 $, et par actif à 1 400 $. Diverses enquêtes de consommation donnent la ventilation par fonction (alimentations, logements, équipements et entretien du logement ; habillement et divers ; transports et communications ; services divers : loisirs, éducation...) et par branche (1 à 11, plus domestiques) des catégories encerclant la médiane de 370 $. Soit 68 % pour l'alimentation (branches 1 à 3) ; 25 % pour les achats divers de biens (branches 2, 4, 5 et 7) ; 19 % pour les services (branches 8, 9 et 11).

Colonnes (1) et (2) : La structure de la distribution du revenu consommé (voir plus loin) est telle que la part des 50 % de la population la plus

STRUCTURE DES DEMANDES FINALES LOCALES
(% et Mlds $ — 1976)

(3) Surconsommation Mlds	(4) Consommation des ménages %	(5) Consommation des ménages Mlds	(6) Dépenses administratives	(7) F. B. C. F.
4,2	20,0	10,6	—	—
1,6	4,0	2,1	1,5	—
8,3	34,8	18,5	1,3	—
3,5	13,1	6,9	4,5	—
1,3	4,9	2,6	—	—
—	—	—	—	—
1,3	4,0	2,1	1,7	17,0
0,7	1,9	1,0	1,2	19,0
0,8	2,1	1,1	1,3	—
—	—	—	—	—
2,8	7,6	4,0	3,1	—
4,0	7,6	4,0	13,0	—
28,5	100,0	52,9	27,6	36,0

pauvre représente 23 % de la consommation. Cette consommation, soit par tête 170 $, et par actif 645 $, est considérée représenter la valeur de la reproduction de la force de travail. Pour la catégorie sociale encerclant le point 170 $, les proportions pour chacune des trois catégories signalées ci-dessus sont respectivement de 68 %, 25 % et 7,4 %.

Colonne (3) : La surconsommation est obtenue par différence (5) moins (2).

Colonne (6) : La ventilation des dépenses administratives (salaires : 47 % ; biens et services : 53 %, ventilées selon les proportions de la colonne (6) est obtenue par moyenne des budgets des principaux pays.

Colonne (7) : La ventilation de la F. B. C. F. (bâtiments, logements et travaux : 53 % ; machines, matériels de transports : 47 %) ressort de la moyenne des comptes nationaux des principaux pays.

TABLEAU VIII
GRAPHIQUE : STRUCTURE DE LA REPARTITION DU REVENU CONSOMME

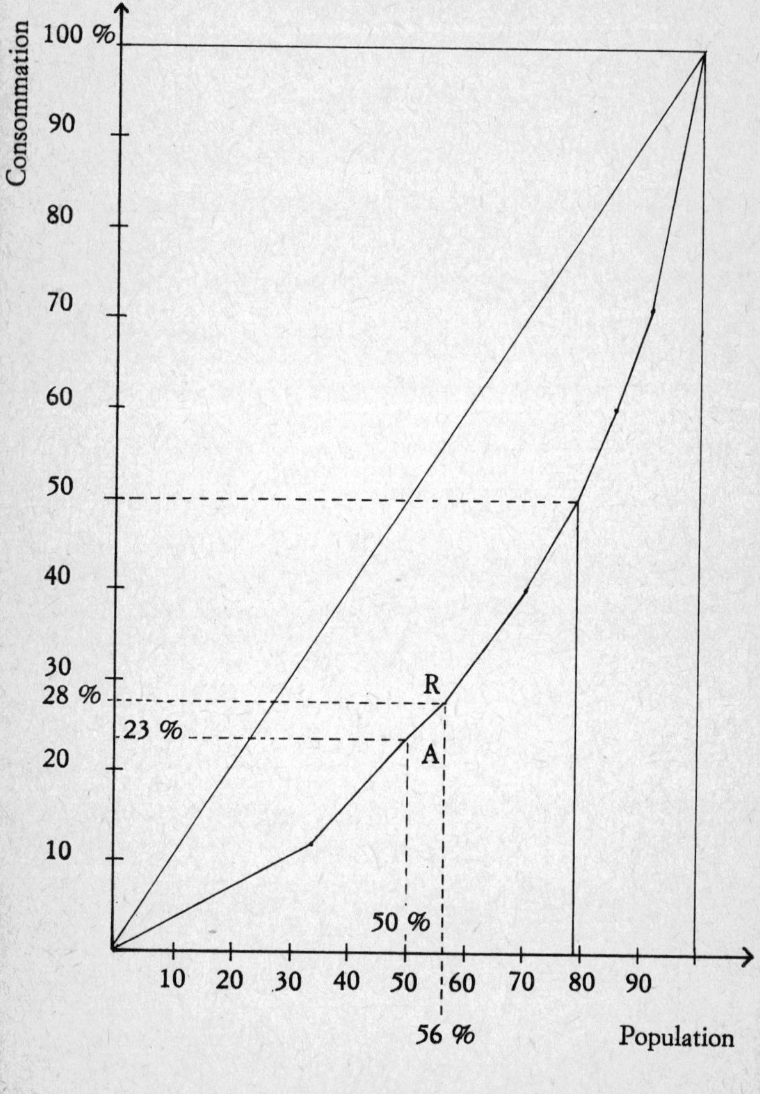

Notes : La courbe de Gini dessinée ici a été construite à partir de l'enquête égyptienne de 1972 sur la distribution de la consommation (Source : *Ghali Shukry,* éd. arabe, p. 81).

La population rurale représente 56 % de la population totale (tableau I). Si le revenu des ruraux (14,7 Mlds) est entièrement consommé, il représenterait 28 % de la consommation totale (52,9 Mlds). Certes, il y a des inégalités au sein du monde rural lui-même, mais la courbe de Gini devrait passer aux alentours du point R. Le point A retenu pour définir la valeur de la force de travail ne saurait donc être l'objet d'une erreur importante.

TABLEAU IX

Inputs \ Outputs	1	2	3	4
1. Agriculture	17	—	43	—
2. Energie, mines	2	10	2	2
3. Ind. agricoles	—	—	34	46
4. Autres ind. légères	1	—	2	5
5. Chimie	5	1	2	2
6. Matériaux	—	—	—	—
7. Métaux, mécanique	3	3	2	5
8. Bâtiment, T. P.	—	—	—	—
Consommation interm.	27	13	83	61
Valeur ajoutée	73	87	17	39
Production	100	100	100	100

Sources et notes : Tableau confectionné à partir des moyennes de quelques tableaux de relations intersectoriels des principaux pays arabes.

Consommation de l'agriculture : (1) semences, aliments du bétail ; (5) engrais.

Consommation de l'énergie (électricité), mines (phosphates, minerais de fer et autres métaux), eau et extraction du pétrole : principalement énergie.

Consommation des industries agricoles et alimentaires : (1) végétaux bruts (raisin, blé pour panification, légumes et fruits pour conserves, olives, coton brut), animaux (viandes et cuirs) ; (3) coton égrené pour pressage, etc.

Consommation des autres industries légères, principalement textiles : (3) filés pour tissages.

Consommation de la chimie : (6) phosphates pour engrais.

COEFFICIENTS TECHNIQUES

5	6	7	8	9	10	11
—	—	—	—	—	—	—
4	9	12	4	18	—	2
—	—	—	—	—	—	6
—	—	4	—	—	4	2
4	9	8	1	4	4	4
21	—	—	18	—	—	—
7	9	47	23	4	8	6
—	—	—	—	—	4	1
35	27	69	50	26	19	20
65	63	31	50	78	81	80
100	100	100	100	100	100	100

Consommation des matériaux : (2) produits des carrières.
Consommation des métaux de base (sidérurgie principalement) et de la mécanique (montage et réparations inclus) : (7) livraisons de la sidérurgie à la mécanique, pièces de rechange...
Consommation du bâtiment et des travaux : (6) matériaux (ciment, etc.), (7) mécanique, fers à béton.
Consommation des transports : (2) énergie (pétrole).
Consommation du commerce : (4) emballages, (5) produits de conservation, plastiques, (8) loyers.
Consommation des services : (3) produits pour restaurants, (7) outillage, (8) loyers.
L'entretien des bâtiments des diverses branches est affecté à la F. B. C. F., à l'exception de la valeur locative des bâtiments du commerce et des services.

TABLEAU X MARGES DU COMMERCE,

Branches Mlds $	1	2
1. Consommation interméd.	5,4	12,6
2. Valeur ajoutée	14,7	82,1
3. Productions (1 + 2)	20,1	94,7
4. Importations	4,0	6,5
5. Ressources (3 + 4)	24,1	101,2
Marges C, T, S		
a) %	13 %	3,7 %
b) Mlds $	3,1	3,7
dont : Commerce	3,0	1,0
Transports	0,1	2,0
Services	—	0,7

Notes :

1. Les consommations intermédiaires retenues ici sont celles des produits 1 à 8. La proportion de 20 % pour les marges commerciales brutes (transports inclus) ressort des différents tableaux intersectoriels réels. Cette proportion de la valeur des productions locales et importations est relativement égale d'une branche à l'autre, d'un groupe de produits à l'autre, sauf pour les produits agricoles bruts (en partie autoconsommés), le pétrole et l'électricté.

DES TRANSPORTS ET SERVICES

3	4	5	6	7
17,2	5,7	1,0	0,3	3,4
3,6	3,6	1,9	0,8	1,7
20,8	9,3	2,9	1,1	5,1
4,5	3,2	6,0	2,5	24,5
25,3	12,5	8,9	3,6	29,6
20 %	20 %	20 %	20 %	20 %
5,1	2,5	1,8	0,7	5,9
4,4	2,0	1,6	0,5	5,6
0,3	0,1	0,1	0,1	0,2
0,4	0,4	0,1	0,1	0,1

2. Transports : les gros « consommateurs » de transports sont les produits des mines, le bâtiment et les travaux, le commerce.

3. Services : principalement, services d'études et services financiers répartis entre l'industrie du pétrole (2), les industries diverses (3 à 8), les transports (9), le commerce (10) et les services (assurances, etc.) (11).

TABLEAU XI ECHANG

Input	Consommations intermédiaires								
	1	2	3	4	5	6	7	8	9
	Agri-culture	Mines énergie pétrole	Indus. agri-coles et alimen-taires	Autres indust. légères	Chimie	Maté-riaux	Métaux méca-nique	Bâti-ments tra-vaux	Tran com
1. Agriculture	3,4	—	8,9	—	—	—	—	—	—
2. Mines, énergie, pétrole	0,3	9,2	0,3	0,2	0,1	0,1	0,6	0,7	1,
3. Industries aliment. et agricoles	—	—	7,1	4,3	—	—	—	—	—
4. Autres industries légères	0,1	—	0,3	0,5	—	—	—	0,8	—
5. Chimie	1,0	0,9	0,3	0,2	0,1	0,1	0,4	0,2	0
6. Matériaux	—	—	—	—	0,6	—	—	3,7	—
7. Métaux, mécanique	0,6	2,5	0,3	0,5	2,0	0,1	2,4	4,8	0
8. Bâtiments, travaux	—	—	—	—	—	—	—	—	—
9. Transports, communicat.	0,1	2,0	0,3	0,1	0,1	0,1	0,2	1,2	—
10. Commerce	3,0	1,0	4,4	2,0	1,6	0,5	5,6	—	—
11. Services	—	0,7	0,4	0,4	0,1	0,1	0,1	0,4	0
administrat. domestiques	—	—	—	—	—	—	—	—	—
A. Total cons. interméd.	8,5	16,3	22,3	8,2	2,8	1,0	9,3	11,8	3
B. Valeur ajout.	14,7	82,1	3,6	3,6	1,9	0,8	1,7	10,0	7
C. Total production	23,2	98,4	25,9	11,8	4,7	1,8	11,0	21,8	10
D. Importat.	4,0	6,5	4,5	3,2	6,0	2,5	24,5	—	-
E. Total des ressources	27,2	104,9	30,4	15,0	10,7	4,3	35,5	21,8	1(

NTERSECTORIELS 1976 (Mlds $)

10	11	Total	1	2	3	4	5	6	7	8
			Demandes finales							
Commerce	Services	consom. interméd.	Force de travail	Surconsommation	Consom. des ménages (1+2)	consom. des adminis.	F. B. C. F.	Export.	Total des emplois	Ajustement (E—7)
—	—	12,3	6,4	4,2	10,66	—	—	5,0	27,9	— 0,7
—	0,2	13,5	0,5	1,6	2,1	1,5	—	84,2	101,3	+ 3,6
—	0,7	12,1	10,2	8,3	18,5	1,3	—	1,0	32,9	— 2,5
0,4	0,2	2,3	3,4	3,5	6,9	4,5	—	0,8	14,5	0,5
0,5	0,4	4,5	1,3	1,3	2,6	—	—	5,5	12,6	— 1,9
—										
	—	4,3	—	—	—	—	—	0,1	4,4	— 0,1
1,1	0,6	13,5	0,8	1,3	2,1	1,7	17,0	0,3	34,6	0,9
0,6	0,1	0,7	0,3	0,7	1,0	1,2	19,0	—	21,9	— 0,1
2,5	0,2	6,8	0,3	0,8	1,1	1,3	—	—	9,2	1,4
—	—	18,1	—	—	—	—	—	—	18,1	— 0,9
1,2	1,1	5,3	1,2	2,8	4,0	3,1	—	—	12,4	— 0,2
—	—	—	—	(4,0)	(4,0)	(13,0)	—	—	—	—
6,3	3,5	93,4	24,4	28,5	52,9	27,6	36,0	96,9	289,8	0
0,9	8,7	145,2								
7,2	12,2	238,6								
—	—	51,2								
7,2	12,2	289,8								

TABLEAU XII

	Industries extractives, électricité, eau	Industries de transformation
Algérie (1966)	32	163
Maroc (1971)	99	369
Tunisie (1975)	39	241
Lybie (1973)	22	22
Egypte (1975)	59	1 296
Soudan (1971)	»	370
Jordanie (1961)	11	33
Syrie (1976)	30	276
Liban (1971)	36	95
Iraq (1972)	16	160
Arabie Séoudite (1966)	26	41
Koweit (1970)	41	332
Bahrein (1971)	4	4
Emirats arabes (1968)	3	3
Oman (1972)	5	0
Yémen (1972)	0	12

Sources et notes : Annuaire des statistiques du travail 1978, B.I.T., et ouvrages de Brahimi (pp. 15 et 16) et Casadio (p. 31). Certaines de ces statistiques sont manifestement erronées. On les a corrigées par analogie

EMPLOIS NON AGRICOLES (000)

Construction	Commerce	Transports	Services divers
129	152	88	338
11	277	15	519
141	120	57	379
89	37	44	189
248	842	420	1 974
44	155	44	866
40	31	12	53
204	187	114	373
6	92	38	18
69	155	154	603
103	10	44	23
7	29	12	4
10	8	8	23
20	8	8	21
6	0	0	15
»	»	289	225

ıvec celle des pays dont les statistiques sont plus exactes et les structures ɾoisines. On a ensuite extrapolé à 1976 pour tenir compte des croissances ectorielles. On obtient alors le tableau XIII.

TABLEAU XIII

EMPLOI 1976 : ENSEMBLE DU MONDE ARABE

Branches	Emplois milliers		Valeur ajoutée (Mlds $)		Valeur ajoutée $ (par actif)	
1. Agriculture	37 000		14,7		400	
2. Energie, mines	450		82,1		180 000	
3. Ind. agricoles	1 170		3,6		3 100	
4. Autres ind. légères	1 170		3,6		3 100	
5. Chimie	480	3 500	1,9	11,6	4 000	3 3
6. Matériaux	210		0,8		3 800	
7. Métaux, mécanique	470		1,7		3 600	
8. Bâtiment, T. P.	1 700		10,0		5 900	
9. Transports	1 400		7,2		5 100	
10. Commerce	2 200		10,9		5 000	
11. Services	2 100		8,7		4 100	
Administrations (12)	2 400	7 150	13,0		5 400	
Domestiques (13)	2 650		4,0		1 500	
Total	53 400		162,2		3 000	

Notes : Les extrapolations précédentes (tableau XII) donnent le total des emplois pour les branches 3 à 7, 11 à 13. Les hypothèses retenues en ce qui concerne la dispersion des produits par tête à l'intérieur du groupe des industries de transformation donnent les emplois. Les chiffres de l'administration, connus, donnent, par différence, ceux des services (et, sur la base d'une hypothèse exogène, des domestiques). Le volume total de l'emploi est celui de 1977 (tableau I) réduit de 2 %.

TABLEAU XIV

QUALIFICATIONS DU TRAVAIL, ENSEMBLE DU MONDE ARABE, 1976

(milliers d'emplois)

Branches	Non-qualif. et qualif. inférieure	Qualification moyenne	Qualification supérieure	Total
1. Agriculture	37 000	—	—	37 000
2. Mines, pétrole	316	94	40	450
3. Industries agricoles	808	259	103	1 170
4. Autres ind. légères	808	259	103	1 170
5. Chimie	334	103	43	480
6. Matériaux	150	43	17	210
7. Métaux, mécanique	324	103	43	470
8. Bâtiment, T. P.	1 478	135	87	1 700
9. Transports	867	402	145	1 400
10. Commerce	475	1 065	660	2 200
11. Services	570	925	610	2 100
Administrations	640	1 060	700	2 400
Domestiques	2 650	—	—	2 650
Total	46 420	4 448	2 551	53 400

Sources et notes : Annuaire du B. I. T. 1978, pp. 131 et suiv. ; Amin, *Le Maghreb moderne.* Les pourcentages de qualifications inférieure, moyenne et supérieure (respectivement 87 % ; 8,3 % et 4,8 %) correspondent aux stocks d'éducation (illettrés et primaire ; secondaire et technique ; supérieure). Ce pourcentage de 4,8 % pour la catégorie supérieure est vérifié pour l'Egypte et la Tunisie 1975-76 *(Annuaire du B. I. T.).* De surcroît, la masse des salaires inférieurs et revenus des petits producteurs correspondant aux 87 % de la première catégorie représente environ 50 % du P. I. B. et, par conséquent, cette statistique est cohérente avec celle de la distribution de la consommation et l'estimation de la valeur de la force de travail. Les pourcentages pour les industries, le commerce et les services sont tirés de l'exemple du Maghreb.

Matrice A	1	2	3	4	5	6	7
1	14,7	—	33,3	—	—	—	—
2	1,3	9,4	1,1	1,7	2,2	5,5	5,5
3	—	—	26,5	36,3	—	—	—
4	0,4	—	1,1	4,2	—	—	—
5	4,2	0,9	1,1	1,7	2,2	5,5	3,6
6	—	—	—	—	12,8	—	—
7	2,6	2,5	1,1	4,2	4,4	5,5	21,8
8	—	—	—	—	—	—	—
9	0,4	2,0	1,1	0,9	2,2	5,5	1,8
10	12,8	1,0	16,5	16,8	34,0	27,8	47,3
11	—	0,7	1,5	3,4	2,2	5,5	0,9
Emplois par Mld de $ de prod. E	1 600,0	4,55	45,0	99,0	99,6	116,4	42,4
E_1	1 600,0	3,18	31,2	68,5	69,5	83,0	29,2
E_2	0	0,96	10,0	21,8	21,2	24,0	9,3
E_3	0	0,41	3,8	8,7	8,9	9,4	3,9

Notes : 1. Matrice A : matrice carré des coefficients techniques (onze branches).

2. Demandes finales en Mlds $: D1 : reconstitution de la force de travail ; D2 : surconsommation ; D3 : demande indirecte (administrations, F. B. C. F., Exports moins imports) ; D : total.

ELEMENTS DU CALCUL DE L'AFFECTATION DE LA FORCE DE TRAVAIL

8	9	10	11	Demandes finales (Mlds $)			
				D_1	D_2	D_3	D
—	—	—	—	6,4	4,2	1,0	11,6
3,2	17,0	—	1,6	0,5	1,6	79,2	81,3
—	—	—	5,7	10,2	8,3	— 2,2	16,3
3,7	—	2,3	1,6	3,4	3,5	2,1	9,0
0,9	3,8	2,9	3,3	1,3	1,3	— 0,5	21
17,0	—	—	—	—	—	— 2,4	— 2,4
22,0	3,8	6,4	4,9	0,8	1,3	4,5	6,6
—	—	3,5	0,8	0,3	0,7	20,2	21,2
5,6	—	14,5	1,6	0,3	0,8	1,3	2,4
—	—	—	—	—	—	—	—
1,8	7,5	7,0	9,0	1,2	2,8	3,1	7,1
				24,4	24,5	106,3	155,2
78,2	133,7	129,0	172,3				
68,0	82,0	27,5	46,8				
6,2	38,0	62,0	75,5				
4,0	13,7	39,5	50,0				

3. Vecteurs de l'emploi : milliers d'emplois directs par milliard de $ de production de la branche : E1 : emplois non qualifiés ; E2 : qualifications moyennes ; E3 : qualification supérieure ; E : total.

Calculs : |E| |1 — A|$^{-1}$ = |T| T étant la matrice des quantités de travail direct et indirect par Mld $ de demande finale.

TABLEAU XVI

Inputs \ Outputs	1	2	3	4	5
1. Agriculture	3,4	—	8,9	—	—
2. Mines, én., pétrole	0,3	9,2	7,3	0,7	2,0
3. Industries	1,7	3,4	17,4	9,5	4,7
4. Bat., T. P.	—	—	—	—	0,7
5. Transp., com., ser.	3,1	3,7	16,0	1,6	5,8
Consom. interm.	8,5	16,3	43,6	11,8	13,2
Valeur ajoutée	14,7	82,1	11,6	10,0	26,8
Production	23,2	98,4	55,2	21,8	40,0
Imports	4,0	6,5	40,7	—	—
Ressources	27,2	104,9	95,9	21,8	40,0
Emplois :					
qualif. inf.	37 000	316	2 424	1 478	1 912
qualif. moy.	—	94	767	135	2 373
qualif. sup.	—	40	309	87	1 415
Total	37 000	450	3 500	1 700	5 700

RELATIONS INTERSECTORIELLES
AGREGAT CINQ BRANCHES

Total	Force travail	Surcon-som.	Adm.	F. B. C. F.	Exp.	Ajust.	Empl.
12,3	6,4	4,2	—	—	5,0	— 0,7	27,2
13,5	0,5	1,6	1,5	—	84,2	3,6	104,9
36,7	15,7	14,4	7,5	17,0	7,7	— 3,1	95,9
0,7	0,3	0,7	1,2	19,0	—	— 0,1	21,8
30,2	1,5	3,6	4,4	—	—	0,3	40,0
93,4	24,4	24,5	14,6	36,0	96,9	0	289,8
145,2							
238,6							
51,2							
289,8							
43 130 3 360 1 851							
48 350							

TABLEAU XVII
CALCUL DE L'AFFECTATION DU TRAVAIL — CINQ BRANCHES

Matrice A	1	2	3	4	5	Demandes finales			
						D_1	D_2	D_3	D
1	14,7	—	16,2	—	—	6,4	4,2	0,3	10,9
2	1,3	9,4	2,4	3,8	5,0	0,5	1,6	82,8	84,9
3	7,3	3,4	31,5	43,5	11,7	15,7	14,4	— 11,6	18,5
4	—	—	—	—	4,8	0,3	0,7	20,1	21,1
5	13,3	3,7	29,0	7,3	14,5	1,5	3,6	4,7	9,8
						24,4	24,5	96,3	145,3
Emploi E_1	1 600,0	3,18	44,0	68,0	47,8				
E_2	—	0,96	13,9	6,2	59,0				
E_3	—	0,41	5,6	4,0	35,2				
E	1 600,0	4,55	63,5	78,2	142,0				

Bibliographie

La littérature descriptive concernant les économies arabes est abondante ; en revanche, les analyses sont rares. Parmi celles-ci, on peut citer :

Galal Amin, *The Modernisation of Poverty,* Leiden E. J. Brill, 1974.

Samir Amin, *Le Maghreb moderne,* Minuit, 1970.

Samir Amin (Hassan Riad), *L'Egypte nassérienne,* Minuit, 1965.

Jan Annerstedt et Rolf Gustavsson, *Towards a New International Economic Division of Labor ?,* R. U. C., Stockholm, 1975.

Abdelhamid Brahimi, *Dimensions et perspectives du monde arabe,* Economica, 1977.

Gian Paolo Casadio, *The Economic Challenge of the Arabs,* Saxon House, U. S. A., 1976.

Michel Chatelus, *Stratégies pour le Moyen-Orient,* Calmann-Lévy, 1974.

Georges Corm, *Al Iqtisad Al Arabi Amam al Tahadi* (en arabe), Beyrouth, 1978.

Bent Hansen and Girgis Marzouk, *Development and Economic Policy in the U. A. R., Egypt,* Amsterdam, 1966.

Mahmoud Al Homsy, *Khitat Al Tanmia Al Arabia wa Itijahat al Takamulia waltanafuria,* (en arabe), Beyrouth, 1980.

Michel Labonne et Albéric Hibon, *Futur agricole et alimentaire de la Méditerranée arabe,* I. N. R. A., 1978.

R. Mabro, *The Egyptian Economy 1952-72,* Oxford, 1974.
Samir Radwan, *Capital Formation in Egyptian Industry and Agriculture 1882-1967,* Ithaca, 1974.
Marc Raffinot, Pierre Jacquemot, *Le capitalisme d'Etat algérien,* Maspero, 1977.
Abdelkader Sid Ahmad, « L'économie arabe à l'heure des surplus pétroliers », *Economies et sociétés,* tome IX, n° 3, mars 1975.

Les sources d'information sont également importantes. D'abord les sources nationales, Annuaires statistiques, Comptes nationaux, études sectorielles diverses de l'administration. La commission économique des Nations unies pour l'Asie de l'Ouest (E. C. W. A.), à Beyrouth, fait une synthèse intelligente des informations concernant les pays membres (l'Egypte et le Machreq) et son *Survey of Economic and Social Development in the E. C. W. A. Région 1970-78* (avril 1979), comme son *Statistical Abstract of the Region of the E. C. W. A. 1968-1977* (Beyrouth, 1980), sont précieux. L'E. C. W. A. a fait également diverses études particulières. On ne saurait en dire autant malheureusement des synthèses *(Survey* et *Statistical Abstract)* élaborées par la C. E. A., la commission économique pour l'Afrique (Addis Ababa), dont relève les pays arabes d'Afrique. Les Annuaires de l'O. N. U. et des grandes organisations internationales (C. N. U. C. E. D., F. A. O., U. N. I. D. O., en particulier) mettent les statistiques nationales à la disposition de tous. La Ligue arabe a une documentation de premier ordre et certaines études qu'elle a faites, comme celles d'organisations arabes spécialisées de la Ligue (I. D. C. A. S., Industrial Development Center for Arab States, ou O. P. A. E. P., par exemple) sont de grand intérêt. Les Annuaires de l'Afrique du Nord, édités par le C. R. E. S. M. et le C. N. R. S. (Aix-en-

Provence), comme un certain nombre d'études privées étrangère (*Europa Publications,* Londres, etc.) ou arabes (publications du Centre d'études sur l'unité arabe, Beyrouth) doivent aussi être signalés. Les rapports, biannuels en général, pour chaque pays membre, du F. M. I. et de la Banque mondiale, sont riches de renseignements, même si leur analyse reste strictement conventionnelle.

CET OUVRAGE A ÉTÉ ACHEVÉ D'IMPRIMER LE VINGT-SEPT AOÛT MIL NEUF CENT QUATRE-VINGT SUR LES PRESSES DE L'IMPRIMERIE CORBIÈRE ET JUGAIN A ALENÇON (ORNE) ET INSCRIT DANS LES REGISTRES DE L'ÉDITEUR SOUS LE NUMÉRO 1565

1565